구술
통영길문화연대

엮음
남해의봄날

통영을 만나는 가장 멋진 방법 예술 기행

남해의봄날

중요무형문화재 제10호 나전장 기능보유자 송방웅 作

"통영에는 나라에서 지정한
중요무형문화재 종목만 아홉입니다.
예능 분야에 통영오광대, 승전무,
남해안별신굿, 기능 분야에
나전, 갓, 두석, 염장, 소목, 소반
이렇게 다 해서 아홉이요.
인구 15만 명 겨우 되는 조그마한 도시에
이렇게 있다는 게 정말 엄청난 겁니다."

중요무형문화재 제114호 염장 조대용

"고향 통영은 어머니의 태와 같은 곳이에요.
죽을 때는 고향으로 갑니다. 통영은 음식,
기후, 역사, 기질이 너무 독특하고 특별한
곳이지요. 자존심 하나로 살아가는
사람들이 통영 사람들입니다. 통영처럼
예술가가 많이 배출된 곳이 없어요.
모를 부어 놓은 것처럼 많지요.
모두가 놀라고 부러워합니다."

소설가 박경리

"나는 통영에서 자랐고, 통영에서 그 귀중한
정신적, 정서적인 모든 요소를 내 몸에
지니고 그것을 나의 정신과 예술적 기량에
표현해 나의 평생 작품을 써 왔습니다.
구라파(유럽)에 체재하던 38년 동안 나는
한번도 통영을 잊어 본 적이 없습니다.
그 잔잔한 바다, 그 푸른 물색,
가끔 파도가 칠 때도 그 파도 소리는 내게
음악으로 들렸고, 그 잔잔한 풀을 스쳐가는
초목을 스쳐가는 바람도
내게 음악으로 들렸습니다."

작곡가 윤이상

통영의 길 위에는 사람, 예술, 그리고 이야기가 있다

아기자기한 섬들이 떠 있는 바다, 사시사철 풍성한 해산물과 맛있는 먹거리, 다양한 축제와 체험을 품고 있는 도시 통영은 많은 사람들이 한번쯤 가보고 싶어 하는 국내 대표적인 여행지로 손꼽힌다. 그만큼 인터넷에는 많은 정보가 넘쳐난다. 먼 길을 달려와 정해진 일정 안에 수많은 정보를 쫓아다니는 것만으로도 숨가쁘다. 그러나 그렇게 유명 관광지를 휘리릭 돌고 유명 맛집 몇 곳을 들렀다 가는 것으로 여정이 끝난다면 통영을 제대로 여행한 것이 아니다.

도시는 하루아침에 생겨난 게 아니다. 저마다의 역사가 있고 이야기가 있다. 주어진 환경 속에서 세월의 풍파에 따라 여러 가지 일들을 헤쳐 가며 살아온 흔적은 도시의 역사가 되고 이야기가 되어 골목골목, 사람들의 삶에 녹아들어 있다. 무수히 쌓인 시간만큼 하나의 도시를 여행하는 데는 다양한 방법이 있다.

조선 후기 문장가 유한준은 '지즉위진애(知則爲眞愛) 애즉위진간(愛則爲眞看)'이라 말했다. 알면 사랑하게 되고, 사랑하면 제대로 볼 수 있게 된다는 뜻이다. 낯선 도시를 여행하는 여러 방법 중 가장 멋진 방법은 그 도시를 깊이 이해하고 그로 인해 사랑하게 되는 것이리라. 하나의 도시가 품고 있는 이야기를 제대로 알고 사람들의 삶을 이해하고 자연과 어우러진 숨은 풍경을 목격하는 순간 분명 그 이전에는 미처 보지 못했던 새로운 도시를 만나게 될 것이다.

통영은 역사가 깊은 도시다. 사백여 년 전 임진왜란이 일어나고 이순신 장군이 수군의 총사령부인 삼도수군통제영을 설치한 후 남쪽 바닷가 작은 마을에 놀라운 일들이 일어났다. 찬란한 공예 문화가 꽃피웠고, 수많은 문인과 예술가가 태어나고 성장하여 통영을 모티프로 작품을 남겼다. 아름다운 문화예술을 가까이에서 경험하며 살아 온 사람들, 삶의 지척에서 예술을 즐기는 사람들이 살고 있는 이 도시에서는 계절마다 다양한 문화예술 공연과 축제가 열린다. 이 책은 그런 통영을 제대로 이해할 수 있도록 돕는 안내서다.

이 책의 시작은 삼 년 전으로 거슬러 올라간다. 통영 골목골목을 누구보다 잘 알고, 그만큼 깊이 사랑하는 이들을 만난 것이 행운이었다. 통영이 품고 있는 다양한 아름다움과 문화예술, 사람들의 이야기를 '길'을 통해 발굴하고 소개하는 비영리문화단체 통영길문화연대다. 통영에 자리한 작은 출판사 남해의봄날이 통영의 문화예술에 조금씩 눈뜰 때쯤 통영길문화연대와 새로운 프로젝트를 함께하기로 했다. 통영의 문화예술을 오롯이 담은 '예술가의 길' 지도를 만들기 시작한 것이다. 프로젝트를 시작한 첫해 12공방 장인들의 이야기를 담은 '장인지도'를 만들고 다음 해 박경리, 김춘수, 유치환, 백석 등 문인들의 작품과 삶을 담은 '문학지도'를, 마지막 해 작곡가 윤이상과 정윤주, 통영 오광대, 승전무 등을 소개하는 '공연지도'를 만들었다. 직접 몇 년을 살고서야 알게 된 통영의 진정한 매력을 더 많은 이들과 공유하고 싶은 마음이었다.

'장인지도', '문학지도', '공연지도'는 통영에 있는 예술가의 자취를 테마에 따라 연결해 이야기와 더불어 걸을 수 있게 정리한 지도다. 문화예술의 흔적은 물론 통영 사람들이 살아가는 모습을 볼 수 있는 골목골목을 지나, 예술과 삶이 어떻게 얽히고설켜 하나가 되는지 이해할 수 있는 길이다. 통영의 길들을 구석구석 누구보다 잘 아는 통영길문화연대가 코스를 만들고 이야기를 안내했다. 사실에 가까운 이야기, 보다 풍성한 이야기를 전하기 위해 많은 분들의 도움도 받았다. 지금도 활발히 활동하고 계신 통영의 산증인들을 직접 만나 살아온 이야기를 들었고, 이미 돌아가신 분들은 가까운 가족이나 함께 지냈던 기억을 갖고 계신 분들, 같은 시대를 살아온 분들을 찾아 이야기를 들었다. 또 지역 문화예술을 잘 아는 여러 어르신을 만나 오래된 지혜를 나누어 받기도 했다. 한 번 이야기를 듣기 시작하면 두세 시간은 훌쩍 지나갔고 수십 년의 이야기를 한 번에 모두 들을 수 없어 서너 번 찾아뵈었던 분들도 있다. 그렇게 만나 이야기 나눔을 받은 분들만 서른 분 가까이 된다. 그 모든 분들에게 깊은 감사의 마음을 전한다.

우리가 전해 들은 이야기들을 각각의 지도에 잘 정리해 담으려 노력했지만 지면의 한계로 다 담을 수 없어 죄송스럽기도 하고 안타까운 마음이었다. 그 마음으로 지도에 미처 담지 못한 이야기를 책에 담았다. 이처럼 예술가의 길 프로젝트가 삼 년간 쉼

없이 이어질 수 있었던 데는 경남문화예술진흥원의 도움도 컸다. 지역 특화 콘텐츠 개발 사업의 지원을 받아 길을 걷고 이야기를 모으는 일에 온전히 집중할 수 있었다.

이 책은 지역의 역사와 문화, 자연환경과 생활양식이 예술가들의 삶과 작품에 어떤 영향을 주고받았는지, 예술가들은 서로 어떻게 교류했는지 살펴볼 수 있도록 문화예술인과 작품, 그 시대의 삶에 대해 함께 소개하고 있다. 한편 그들의 흔적이 남아 있는 길을 코스로 엮어 걸으며 나눴던 이야기는 최대한 생생하게 전하기 위해 구술을 바탕으로 정리했다. 다양한 문화예술 장르와 예술가의 이야기를 담고 있어 그 내용을 글로 읽는 것만으로도 흥미롭지만, 보다 제대로 이해하기 위해서는 통영의 골목골목을 걸어야 한다. 책을 들고 통영의 골목을 걷다 보면 시간 여행을 하는 듯한 기분이 들 것이다. 운이 좋다면 골목 끝 어딘가에서 우리도 미처 보지 못한 더 멋진 이야기를 발견할지도 모른다. 여행을 꿈꾸고 있다면, 예술을 사랑한다면 마음에 바람이 부는 어느 날 가벼운 가방과 운동화를 벗 삼아 주저하지 말고 통영으로 오라고 이야기하고 싶다. 통영을 만나는 가장 멋진 방법, 이 책 한 권을 들고 떠나는 통영 예술 기행에 당신을 초대한다.

남해의봄날 편집부

첫 번째 길

한양 사대부도
줄 서서 기다리게 만든
통영 장인의 솜씨

삼도수군통제영을 복원하며 입자방, 총방, 소목방, 패부방 등
군수품과 생활용품을 생산하는 12공방도 복원했다.

匠
人
之
道

장
인

지
도

예로부터, 통영 장인들의 솜씨는 흘깃 보는 것만으로도 마음에 바람이 일었다

조선시대에 통영의 이름은 그 자체로 명품 브랜드였다. 보르도의 와인처럼, 베네치아의 유리공예품처럼 통영은 이름만으로도 최고의 공예품을 떠올리게 했다. 흥선대원군은 직접 통영까지 사람을 보내 통영 갓을 구하려 했고, 왕은 단옷날이면 신하들에게 통영 부채를 하사했으며, 사대문 안에는 가짜 통영 소반을 들고 다니며 파는 행상이 있었을 정도로 '통영'은 그 이름 자체로 사람들의 마음을 사로잡았다. 이런 인기는 조선시대만의 것이 아니다. 1970~80년대 우리나라 주부들이 가장 갖고 싶어 했던 것이 바로 통영 나전장이었다. 안방에 통영 나전장을 들여놓은 집은 동네에서, 친구들 사이에서 부러움의 대상이었고, 값이 만만치 않은 나전장을 구입하기 위해 삼삼오오 모여 계를 들기도 했다.

조선시대에도 유행은 있었다. 물론 지금처럼 변화의 속도가 빠르지는 않았지만 갓의 높이가 높아졌다 낮아지기도 했으며, 테의 넓이가 넓어졌다가 좁아지기도 했다. 나전장에 새겨 넣는 무늬도 시절 따라 달라졌으며 붙이는 장석도 계속 변화했다. 소반 다리의 모양도 늘 같지 않았다. 시대에 따른 트렌드가 있었다. 그런데 어떻게 남쪽 바닷가 작은 도시에서 멀고 먼 한양 사대부의 마음을 사로잡는 패션 아이템, 가구, 소품들을 만들어낼 수 있었을까?

모든 것은 통제영에서 시작되었다. '통영'이라는 이름은 삼도수군통제영에서 따온 말이다. 삼도수군통제영은 충청수영과 전라좌·우수영, 경상좌·우수영, 삼도의 다섯 개 수영을 총괄하는 군영을 말한다. 삼도수군통제영은 자급자족 하는 군영이었는데, 화폐를 찍어내는 주전소가 있었을 정도이니 그 권한이 얼마나 대단했는지 짐작할 수 있다. 통제영의 총사령관인 통제사는 종2품으로 조선시대 18품계 관직 중 4등급의 품계이다. 당시 무인이 오를 수 있는 가장 높은 지휘 중 하나였다. 통제사는 그 시절 누구보다 수준 높은 문화예술을 즐기고, 가장 좋은 것들을 소비하던 양반이었을 것이다.

통제영은 지역에서는 흔치 않은 상당한 규모의 관청으로 물자 역시 풍부했다. 또한 군수물품을 조달하기 위한 공방도 있었다. 이곳으로 조선팔도의 실력 있는 장인들이 모여들었고, 눈이 높고 까다로운 안목을 지니고 있는 권력자의 관리 아래 질 좋은 물건들을 만들어냈다. 게다가 예로부터 기후 좋고, 먹을 것 풍부한 고장이라 한번 통영에 온 장인들은 고향으로 다시 돌아가지 않고 자리를 잡았다. 반면 통제사는 통영에 오래 머무를 수 없었다. 정해진 임기는 이 년, 나라의 중요한 보직이었던 만큼 관리가

첫 번째 길 - 匠人之道

엄격했다. 새로운 통제사가 부임할 때마다 통제사가 가지고 온 물건들, 함께 데리고 온 사람들이 있고 이와 함께 한양의 새로운 문화가 12공방은 물론 담장 너머 통영 사람들에게도 전해졌을 것이다.

봄이면 충청, 전라, 경상도의 다섯 수영이 통제영에 모여 수군 점호를 하고 훈련을 했다. 이런 큰 행사의 뒤에는 연회가 뒤따랐고 아마도 이때 다섯 수영에서는 수군의 최고 지휘자인 통제사를 위해 각 지역에서 가장 좋은 것들을 선물로 가져왔을 것이다. 한양은 물론 여러 지역의 내로라하는 문화가 자연스레 통영에 모여들었다. 이렇게 남쪽 끝 바닷가 도시 통영은 조선시대 최고의 공예 문화를 꽃피울 토양을 마련했다.

문화예술이 찬란하게 꽃피운 지역, 혹은 시대를 살펴보면 여러 분야의 예술가가 서로 교류하며 협력하고 또 경쟁하며 서로 어우러져 함께 수준 높은 경지에 다다르는 모습을 볼 수 있다. 통제영 12공방 역시 다양한 분야의 장인들이 밀도 있게 모여 있었기에 더 빼어난 공예품들이 탄생할 수 있었다. 12공방의 '12', 열둘은 우리말에서 아주 많음, 혹은 꽉 찼음을 뜻하는 표현이다. 공방의 종류와 수, 만들어내는 품목은 시대에 따라 달라졌지만 철저한 분업과 협업을 하는 작업 방식은 처음부터 끝까지 유지되었다. 최고의 통영 나전 이층장 하나가 만들어지기까지는 나무로 가구와 문방구를 만드는 소목방, 자개를 붙여 나전을 장식하는 패부방, 옻칠을 하는 칠방, 장석을 만드는 주석방 등의 장인들이 각 공정마다 자신의 솜씨를 발휘해야 했다. 최고의 장인들이 경쟁하듯 협업하여 하나의 공예품을 완성한 것이다. 그렇게 갈고 닦은 솜씨는 통제영 삼백 년의 역사와 함께 이어지고 정교해지며 켜켜이 쌓여 조선시대 최고의 명품 브랜드로 꽃피었다. 작가 박경리는 "통영은 예술가를 배출할 수 있는 여건이 갖추어진 곳이다"라고 말하며 통영 문화에 자부심을 드러냈다. 수려한 자연 환경이 예술적 분위기를 빚어내는 밑바탕이 되었다면 삼백여 년 이어진 통제영의 역사는 든든한 기둥이 되었다. 생활 양식이 달라지고 문화가 변하며 그 영광은 조금씩 희미해졌지만 그 솜씨마저 퇴색된 것은 아니다. 여전히 통영 곳곳에는 조선시대부터 대를 이어 가업을, 전통 공예의 맥을 잇는 장인들이 자신의 공방을 지키며 묵묵히 최고의 작품을 만들어내고 있다. 그들의 작품은 전통에 기반하고 있지만 현대에도 충분히 가치 있는 아름다움을 담고 있다. 시대를 넘어 수준 높은 아름다움의 경지에 다다른 전통 공예 작품과 그 작품을 만드는 장인 정신을 일상으로 누릴 수 있다는 것, 통영이 문화예술의 향기로 가득한 이유다.

통영 나전

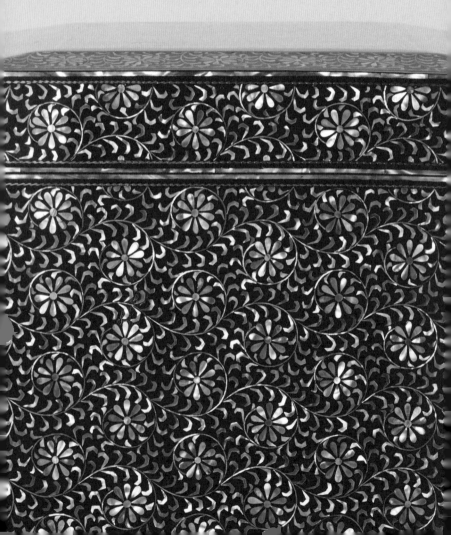

나전(螺鈿)은 전복이나 조개껍질을 가공하여 얇은 자개 조각을 만들고, 목가구 등의 기물에 자개로 문양과 그림을 장식하는 전통 공예 기법이다. 맑고 푸른 바다의 땅 통영은 예로부터 오색 빛이 선명한 질 좋은 전복과 조개류가 많이 나 자개 조각인 섭패를 만들기 좋은 환경이었다. 뿐만 아니라 나무 가구를 만드는 소목, 가구 장식과 이음새에 사용하는 금속 조각 두석, 나무 가구의 보존성을 높이고 광택과 아름다움을 더하는 옻칠 등 다양한 분야의 솜씨 좋은 장인이 모여 있어 최고의 나전칠기 작품이 탄생하는 고장으로 이름을 떨쳤다.

나전의 기법은 크게 끊음질과 줄음질 두 가지로 나뉜다. 전복 내피에서도 가장 빛깔이 영롱한 부분을 실처럼 가늘게 잘라 만든 것을 '상사'라 하는데 끊음질은 상사를 칼끝으로 눌러가며 끊어 붙여 무늬를 만드는 기법이다. 표현하고자 하는 모양에 따라 상사의 두께와 굵기를 조절한다. 끊음질로는 기하학적인 연속 무늬나 기원의 뜻을 담은 길상문자(吉祥文字) 등을 주로 표현하고, 한쪽 끝이 뾰족한 송곳상사를 이용하여 붓으로 그린 듯한 산수화의 정교한 표현도 가능하다. 줄음질은 실톱을 이용해 도안의 무늬를 그대로 썰어 붙이는 기법으로 19세기 말에 들어 새로이 생겨난 것이다. 끊음질이 선을 표현한다면 줄음질은 하나의 덩어리진 면을 표현하기에 수월한 기법으로 한 번에 같은 모양의 자개 조각을 여러 장씩 만들 수 있어 줄음질의 등장 이후 작업 속도가 빨라지며 나전칠기의 대중화가 가능했다.

송방웅

1940년생

중요무형문화재 제10호 나전장 기능보유자

시를 좋아하던 열아홉 문학 청년은 "시 쓰고 글 쓰는 것처럼 이 것도 하나의 예술이고, 과학이다"라며 나전을 권하는 아버지의 말씀에 거역할 생각 한번 하지 못하고 평생을 바쳐, 한국 나전칠 기 분야의 새 지평을 연 장인으로 우뚝 섰다. 다른 사람들보다 조금 늦은 나이에 나전의 길에 들어섰으나 남다 른 안목과 감각으로 집요하게 기술을 연마 한 끝에 남들보다 빨리 실력을 인정받았 다. 그리고 부친 송주안 선생의 작품과 전 국 박물관의 나전 유물, 전문 서적을 연 구하며 그 속에서 자신만의 세계를 구 축했다.

이후 전승공예대전에서 입선한 것을 시작으로 매해 한 계단 씩 차근히 올라가며 1986년 에는 대통령상을 수상하고

1990년에는 부친에 이어 중요무형문화재에 지정되었다. 부친 송주안 장인은 중요무형문화재 제54호 끊음질 보유자로 인정 받으며 같은 스승에게서 사사한 김봉룡 장인과 함께 전국을 통틀어 손꼽히는 나전장으로 유명했다. 송방웅 장인은 송주안 장인이 나이 마흔에 낳은 장손으로 귀여움 속에 자랐으나 아버지의 공방에서 나전을 배울 때는 누구보다 엄격한 가르침을 받았다. 빠른 속도로 실력이 늘었지만 잘했다는 칭찬 한마디 들은 기억이 없다. 끊음질 중 조금만 간격이 흐트러져도 꾸중과 함께 잘못된 나전 조각을 단번에 칼로 파냈던 기억이 생생하다고 한다. 송방웅 장인은 끊음질의 대가로 그의 손에서 탄생한 실감나는 나전 산수화나 섬세한 뇌문(같은 무늬를 연속해 기하학적인 미를 표현하는 기법)이 새겨진 작품들은 누구도 따라올 수 없는 아름다움의 경지에 다다랐다. 2020년 7월 노환으로 별세하였다.

박재성

1952년생

경상남도 최고 장인 지정 나전장

통영에 등록된 나전칠기 공방만 이백여 개가 넘던 시절, 집안
형편으로 학업을 일찍 중단하고 취직을 위해 스스로 나전 공
방에 들어갔다. 밥벌이로 시작한 일에서 차츰 재미를 느끼고
솜씨를 인정받았다. 같이 일하던 사람들
대부분이 다른 일을 찾아 떠나버린 지
금까지 나전을 천직이라 생각하며
흔들림 없이 작품 활동을 하고 있다.
그가 한창 나전 기술을 익혔던 때는 전
국의 아낙들이 통영 나전장 하나 안방에
들여놓기를 꿈꾸며 계를 붓고 만드는 족
족 창고에 둘 새 없이 팔려나가던 시
절, 공방에서는 솜씨 좋은 이들을
영입하려 웃돈을 줬고 기술자들
은 그에 따라 숱하게 공방을 옮
기던 시절이었다. 그러나 박재성

첫 번째 길 - 匠人之道

장인은 한 공방에서 십팔 년을 일할 정도로 우직한 성격을 타고났다.

열다섯의 나이에 나전의 길에 들어선 그는 한 번도 다른 일을 한 적도, 통영을 벗어난 적도 없다. 작업을 할 때는 작품에 빠져들어서, 완성한 후에는 가슴에 차오르는 벅찬 감정에 취해서 나전장의 길을 떠날 수 없었다고 한다. 현재는 친형의 옻칠 기술이 좋아 함께 협업하며 힘을 받고 있다.

한길만 걷는 이런 성격은 작업에도 반영되어 지금도 통영에서 만든 자개만을 사용하여 정교하고 섬세한 작품을 선보인다. 전통 문양은 물론 자신만의 도안을 고안하여 시대에 맞는 새로운 작품을 만들어 내고자 여전히 고민 중이다. 이제는 나전이 더 완성도 있는 작품으로서 기능해야 하는 시대라고 말하는 그는 더 좋은 작품을 내놓겠다는 마음으로 오늘도 공방을 지키며 손에서 일을 놓지 않고 있다.

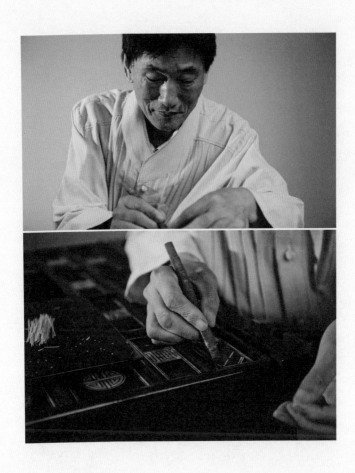

첫 번째 길 - 匠人之道

김종량

1953년생

나전장

동피랑에 살던 어린 소년은 겨울이면 연을 만들었다. 손재주가 좋아서 아랫동네 아이들까지 동전을 들고 찾아와 그의 연을 사려 했다. 손끝이 여문 열세 살 소년은 "기술을 배우는 게 좋다"는 아버지 손에 이끌려 나전 공방에 갈 때만 해도 평생 나전장의 한길을 걷게 될 줄은 몰랐다.

나전칠기기술원양성소 근처에 있던 규모가 제법 컸던 공방이 그의 첫 일터였다. 사포로 백골(나무를 깎고 붙여 모양만 만든 상태로 나전 장식이나 옻칠 마감을 하지 않은 가구의 뼈대) 표면을 곱게 다듬는 일부터 하여, 옻칠을 하는 칠부로 옮겼다가 도안에 따라 자개를 잘라내고 붙이는 나전부로 옮겨가 일을 배

였다. 칼날 같은 바람이 부는 추운 겨울 얼음물에 손이 터지고 칠죽을 숫돌로 갈아내며 손이 쓸려 상처투성이였지만 한번도 꾀를 부린 적이 없다. 누구 하나 일을 차근히 알려주지 않던 시절, 새로운 기술을 습득하기 위해 여러 공방을 옮겨 다니며 어깨 너머로 기술을 배우고, 점심 시간을 쪼개 연습해 일을 익혔다.

일에 대한 욕심과 재미, 그리고 타고난 눈썰미와 감각 덕분에 남들보다 빨리 기술이 늘고 실력을 인정받아 여러 공방에서 스카우트 제의를 받았다. 그러던 중 김봉룡 장인의 제자 이문찬 장인 밑에서 도안을 그리고 본을 뜨는 등의 일을 배우며 한 단계 실력이 늘어 통영에서도 알아주던 공방의 최고 기술자 겸 책임자가 되었다. 공방 이름으로 공예경진대회에 출품하여 국무총리상 등도 여러 차례 수상했다.

김종량 장인은 자신의 이름을 걸고 작품을 만들기 시작한 순간부터, 나전으로 탱화를 그려내거나 현대화가의 그림을 나전칠기로 표현하고, 유물을 오늘에 맞게 재현하는 등 늘 새로운 작

첫 번째 길 - 匠人之道

업에 도전을 멈추지 않고 있다. 오십여 년 이 일을 했지만 최고의
작품은 여전히 완성되지 않았다고 말하는 그는 나전장의 길이
끝이 보이지 않는 길이기에 더 재미있고 가치 있다고 말한다.

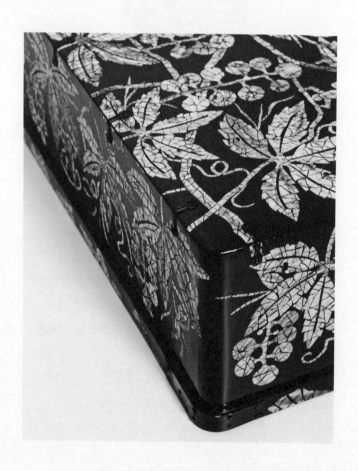

통영 갓

통영 갓은 모양과 품질에서 전국 최고로 손꼽히는, 왕과 사대부가 사용하던 명품이었다. 통영은 12공방의 발달로 공예 문화가 두루 발달해 다른 곳과는 공구와 기법이 차별화되어 있었다. 갓을 만드는 기술은 매우 복잡하고 정밀하여 각 공정이 엄격히 나뉘어 있다. 양태장, 총모자장, 입자장의 손길을 거쳐야 하나의 갓이 완성된다.

양태장은 갓의 둥근 차양인 양태를 만드는 장인이다. 양태는 대나무를 머리

카락보다 가느다랗게 쪼개 날실과 씨실처럼 가로 세로로 촘촘하게 엮어 둥근 모양으로 만든다. 시대에 따라 양태의 폭이 넓어지기도 하고 좁아지기도 했는데, 조선말에 이르러서는 실용성을 위해 양태가 좁은 갓을 선호했다고 한다.

머리 위로 올라오는 부분인 총모자는 아주 고운 말총으로 만드는데 모자 모양을 모두 만든 후 모양이 흐트러지지 않도록 틀에 끼워 삶은 뒤 아교풀을 입힌 후 옻칠을 하고 명주를 바르고 먹칠 작업을 하는 등 그 공정이 만만치 않다. 이 모든 일을 총모자장이 맡아서 한다.

입자장은 양태와 총모자를 맞추어 갓의 모양을 잡고 완성하는 역할을 한다. 우아한 곡선과 은은한 검은빛을 지닌 갓의 완성도는 입자장의 실력과 감각에서 빚어진다. 특히 인두로 양태 모양을 다듬을 때 적절한 온도와 시간, 각도 등을 조절하는 것은 오랜 시간 연마해야 익힐 수 있는 섬세한 기술이다. 이 공정은 트집 잡기라고 하는데 '조그만 흠을 들추어내어 문제 삼는 것'을 뜻하는 '트집 잡다'라는 말의 어원이기도 하다. 모양을 잡을 때 미세하게 흐트러지거나 갈라진 곳, 뭉쳐 있는 곳이 있으면 모양이 제대로 나지 않아 이를 잡아내어 손보며 트집잡기를 하는데 보통 사람의 눈에는 아무 것도 아닌 것으로 공연히 씨름하는 것처럼 보였을 것이다.

하나의 갓은 양태 스물네 과정, 총모자 열일곱 과정, 입자 열 과정으로 총 쉰하나의 과정을 거쳐야 완성되는 시간과 땀과 정성의 산물이다.

정춘모

1940년생

중요무형문화재 제4호 갓일 기능보유자

경북 예천에서 태어나 스무 살에 대구로 향해, 통영 갓의 대가
인 입자장 김봉주 장인과 총모자장 고재구 장인이 일하던 갓
방에 들어갔다. 최고의 스승 밑에서 자는 시간을 줄여가며 일
을 배웠으나 대구의 갓방이 문을 닫고 스승들은 고향으로 돌
아가자 그 역시 통영으로 이주하여 통영 갓의 전
통을 이어가기로 결심했다.

갓은 워낙 만드는 과정이 복잡한 물건으로
총모자장, 양태장, 입자장이 각자 맡은 부
분을 담당하며 하나의 갓을 완성한다.
이 중 정춘모 장인은 총모자와 양태
를 모아 형태를 잡으며 완성하
는 입자일을 김봉주 장인에게
사사했다. 그러나 통영에서도
갓의 명맥이 끊길 위기임을
깨닫고 고재구 장인에

게 총모자일을 배우고, 소문도 장인과 모만환 장인의 집을 찾
아 거제를 오가며 양태 만드는 일을 전수받았다. 중요무형문화
재로 지정 받은 최고의 장인 넷을 스승으로 모셨으며 통영 태생
이 아님에도 최고의 스승들에게 통영 갓을 배운 것을 그는 행
운이라고 말한다. 갓이 빠르게 사라지던 시대, 통영 갓의 멋과
매력에 빠져 있던 정춘모 장인은 어려운 길임을 알면서도 일을
배우고 자료를 수집하고 정리하며 통영 갓을 계승했다. 그러나
통영 갓을 다른 지역 출신의 사람이 배운다는 사실만으로 삐
딱하게 보는 시선이 오랫동안 그를 힘들게 했다. 그때 버팀목이
된 사람이 그의 아내로, 30여 년 전부터 양태 만드는 일을 맡
아 하고 있는 도국희 전수자다. 혼자 처음부터 끝까지 만들 수 없
을 정도로 공정이 복잡한 게 갓이라 일을 돕다 실력을 갖추게
되었다. 정춘모 장인의 갓을 향한 진심을 곁에서 지켜본 아들
역시 스스로 청해 입자일을 전수 받고 있다.

첫 번째 길 - 匠人之道

통영 두석

목가구의 결합 부분을 보강하거나 여닫는 기능을 하는 경첩, 꾸밈 기능을 하는 장석, 잠금 장치인 자물쇠 등을 모두 통틀어 일컫는 말이 두석이다.

소목에 멋을 더하는 두석의 미려한 모양과 은은한 빛은 백동 등의 금속판에 형태를 그리고, 이를 따라 작두로 잘라낸 후 줄톱으로 오리고, 구멍을 뚫고, 문양을 아로새기고, 은사 또는 구리를 박아 넣는 등 수백, 수천 번의 손질을 거쳐야 비로소 탄생한다.

두석으로는 나비, 박쥐, 새, 꽃, 십장생 등 다양한 모양을 만들었는데, 화려한 나비 문양과 섬세한 입사 공법이 통영 두석만의 특징이다. 황동, 백동, 철 등의 금속에 모양을 내어 작게 자르고 세밀한 무늬를 새겨 넣어야 하는 두석장은 높은 미적 감각과 정교한 기술이 필요했다. 두석을 만드는 주석방은 12공방 중에도 통제영 초기부터 폐영 때까지 이어져 온 중요 공방이었다. 예전에는 통영은 물론 전주, 나주, 남원, 서울, 평양, 강화도 등에서 각각 고유한 개성이 있는 장석을 만들었으나 지금은 남은 곳이 많지 않다.

김극천

1951년생

중요무형문화재 제64호 두석장 기능보유자

김극천 장인의 집안은 통영에 12공방이 생겨난 때부터 두석을
만들어온 집안이라 한다. 정확하게 남아 있는 기록만 보더라도
뿌리 깊은 장인 집안으로 김극천 장인이 4대째이고 그의 아들
김진환 이수자가 5대째 대를 잇고 있다. 집
안 대대로 쌓이고 쌓여 전해지는 장석
문양도 나비, 태극, 박쥐 등 이천여
종에 이른다. 가구의 모양과 크기에
따라 도안도 달라져야 해서 선조들
의 문양을 바탕으로 직접 새로운 도안
을 그리며 작업한다. 선대부터 사용하던 손
때 묻은 도구로 옛 방식을 고수하며 두석을 만
들고 있다. 배 속에서부터 망치질 소리를 들었던 김극
천 장인의 손끝에는 뛰어난 솜씨를 자랑
하던 선대 장인들의 혼이 응축되어
있다. 그의 부친인 김덕용 장인 역시

중요무형문화재 기능보유자로 뛰어난 장인 정신의 소유자였다.
'많은 일을 하기보다는 한 가지 일을 꾸준하게 하며, 한 개를 만
들어도 야무지고 정확하게 서두르지 않고 만드는 것'이 김덕용
장인의 신념이었다. 그 당시만 해도 전통 가구의 인기가 높아 솜
씨 좋은 그의 두석을 찾는 수요가 많았고, 공방에 일하는 이들
만 해도 스무 명이 넘었다고 한다. 세월이 흘러 두석의 수요가 예
전 같지 않지만, 김극천 장인은 오랫동안 이어져 내려온 가업이
퇴색되지 않도록 선친의 공방이자 집이었던 공간을 지키며 작
업하고 있다. 또한 아들에게 기술을 온전히 전수해 통영 두석의
역사가 계속되도록 노력하고 있다.

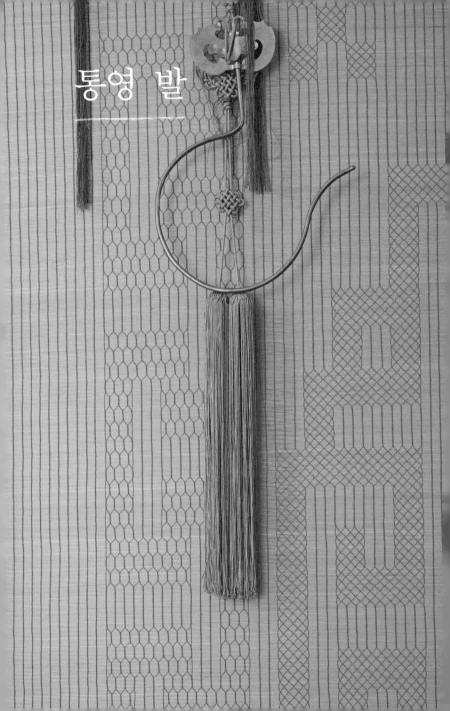

통영 발

한옥에서 발은 강한 햇빛을 가리거나 가림막의 역할을 하기도 하고 실내 장식용으로도 쓰였다. 발을 엮는 장인을 염장이라고 한다.

발은 대나무는 물론 갈대, 삼의 줄기인 겨릅, 억새인 달풀 등 다양한 재료로 만들었다. 발을 엮는 재료도 실크부터 무명실 등 신분에 따라 다양했다. 그중 고급 제품은 삼 년 이상 자라 단단하게 여문 대나무를 실처럼 가늘게 쪼개어 만든 대오리를 색색의 고운 비단실로 엮으며 문양을 넣어 만든다. 수백 개의 선과 선이 엮여 하나의 아름다운 그림으로 완성되는 것이 통영 발이다.

발에 넣는 문양과 색에는 저마다의 의미가 있다. 일찍이 발은 일상 생활만이 아니라 궁과 사당, 가마에서 귀인을 보호하는 성역 표시 등의 다양한 용도로 사용했다. 용도에 따라 재료나 섬세함 등이 달라졌다.

전통 공예 장인들이 의례 그러하듯이 재료를 고르고 가공하는 공정부터 모든 일이 장인의 손에서 이루어지는데 가는 대오리를 만드는 기술을 익히는 것만으로도 오 년 안팎의 시간이 걸린다. 하나의 발을 짜기 위해 수 개월 동안 같은 자리에서 도안을 보며 흐트러짐 없이 시간과의 싸움을 한다.

통영 인근에는 질 좋은 대나무가 나는 곳이 많아 통영 부채, 통영 갓, 대나무 함 등 대나무를 이용한 공예가 발달했다.

첫 번째 길 - 匠人之道

조대용

1950년생

중요무형문화재 제114호 염장 기능보유자

증조부가 무과에 급제하고 관직에 등용되기 전에 소일거리로 발을 엮어 왕에게 진상했는데 매우 흡족해하며 치하했다는 기록이 있다. 집안 대대로 내려온 기술과 감각은 아버지를 통해 4대를 이어 조대용 장인에게도 전해졌다. 어려서부터 아버지의 심부름을 하며 대나무를 다듬어 대오리를 뽑고 간단한 발을 엮는 일을 돕다 보니 자연스레 발을 만드는 일을 익혔다.

주변 부탁에 발을 하나 만들어주면 섬세한 솜씨 때문인지 값을 잘 쳐주었다. 그의 실력은 서울에도 소문이 닿아 있어 전승공예대전에 출품하라는 독촉을 받을 정도였다. 출품은 입선

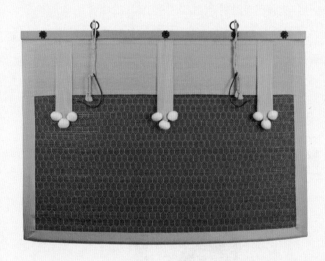

으로 이어졌고 발을 만드는 일에 더 열정을 갖게 된다. 상류층
에서 쓰던 전통 발을 찾아 연구하고 재현하여 몇 해 뒤 대통령
상을 받았다.

조대용 장인은 전통 방식 그대로, 필요한 공구와 재료까지 손
수 만들고 손질하며 모든 공정을 섬세하게 관리한다. 또한 발
에 대한 연구도 끊임 없이 해 왔다. 옛 사료를 바탕으로 세종대
왕 능인 영릉의 제사를 지내는 정자각 발을 재현하기도 하고

첫 번째 길 - 匠人之道

여러 의미 있는 전통 공간들이 옛 모습을 찾는 일에 정성을 다하고 있다.

한번 일을 시작하면 직접 도안을 그리고 대나무를 실만큼 가늘게 뽑은 대오리를 만들어 몇 달간 한자리를 지키며 명주실로 엮는다. 일을 대하는 차분하고도 성실한 자세, 점잖은 성품이 그가 만든 대발에 한올한올 함께 엮여 은은한 멋을 자아낸다.

통영 소반

소반은 음식을 담은 그릇을 올려 놓는 작은 상으로 지역의 특색이 유독 도드라지는 공예품이다. 나주 소반, 해주 소반, 통영 소반은 전국 삼대 소반으로 손꼽히는데 그중에서도 통영 소반은 궁에서 많이 사용할 정도로 아름다움과 품질을 인정받았다.

조선시대에는 유교의 영향으로 가족이라 할지라도 성별, 사회적 신분 등이 다르면 겸상을 하지 않고 개인상을 받는 것이 일반적이었다. 이런 문화로 소반은 주로 일인용이 많았으며 한 사람이 양팔을 벌려 들고 사랑채로, 안채로 음식을 나르기에 적당한 크기였다. 손님이 많이 찾는 규모 있는 집에는 수십 내지는 백여 개의 소반을 갖추고 있었고 서민 가정에도 십여 개는 갖고 있는 것이 보통이었다. 음식을 담아 들고 나르기 좋게 가볍고 튼튼한 나무를 주로 사용했으며 가늘지만 안정적인 구조의 다리를 치밀한 짜임으로 조합하여 아름다움과 견고함을 함께 갖추도록 하였다. 또한 그릇이 미끄러져 떨어지지 않고 손잡이 없이도 상을 들기 쉽도록 상의 상판 가장자리 변죽이 살짝 올라가도록 제작했다.

나주 소반은 상판과 변죽을 따로 제작하여 결합하는 경우도 있으나 통영 소반은 하나의 통판으로 깎아 제작하는 특징이 있다. 또한 나뭇결이 돋보이는 튼튼한 느티나무로 상판인 천판을 만들거나 자개로 상판을 운치 있게 장식하고 말, 개, 고양이 등 동물의 유연한 다리를 본 딴 사족(四足)으로 상판을 고정시켜 튼튼하고 역동적인 것이 통영 소반의 특징이다.

추용호

1950년생

중요무형문화재 제99호 소반장 기능보유자

아버지가 나라 안에서 이름난 소목장이었다. 기술을 가르쳐 달라거나 가구를 만들어 달라고 찾는 이들이 많아 전국 곳곳은 물론 일본까지 돌아다녔다. 최고의 나전장 김봉룡 장인도 아버지 추웅동 장인이 만든 백골을 가져다 작품을 만들었다. 아버지는 이웃에 살던 고모부 윤기현(작곡가 윤이상의 부친)에게 소목을 배워 일을 시작했다. 윤기현은 한학자이자 당대 솜씨 좋기로 소문난 소목장이었다. 추용호 장인은 배워만 두라는 아버지 말씀에 어린 시절부터 아버지가 어깨너머로 일하는 모습도 보고 잔심부름도 하며 소목 일을 배웠다. 스물넷이 되던 해 아버지의 갑작스러운 별세로 미처 끝내지 못한 일

첫 번째 길 - 匠人之道

을 물려받으며 소반장의 길로 들어섰다.

소반은 섬세한 기술이 필요한 작업이라 사용하는 연장만 해도 삼사백 가지에 달한다. 그중에는 그가 손수 만들어 사용하는 것 도 있지만 아버지가 사용하던 것을 그대로 물려받은 것도 있다. 수십 년간 아버지가 일하던 공간에서 전통 방식 그대로, 옛 공 구를 사용하여 작업해 온 그는 선대의 기술을 몸에 익히려 끝없 이 탐구하고 연마했다. 공방을 겸하며 살림을 살던 집은 할아버 지 때부터 거주한, 추용호 장인은 물론 그의 아버지가 태어나고 자란 곳으로 백오십여 년의 세월을 고스란히 담고 있는 공간이 다. 조선시대 삼도수군통제영 시절의 12공방을 계승해 그 원형 을 지금까지 간직하고 있는 마지막 공방이기도 하다.

추용호 장인은 우리 공예 문화의 역사를 간직하고 있는 공간에 서 몸으로 기억한 비율과 곡선을 살려 미려한 통영 소반을 깎아 낸다. 한학자였던 할아버지의 영향인지 단순히 기술 연마에만 힘쓰는 것이 아니라 소반을 연구하고 정리하는 것이 몸에 배어 있다. 추용호 장인은 소반을 만드는 일이 고되지만 통영 소반의 전통을 이어가려는 마음 하나로 그 어떤 보상도 기대하지 않고 한길을 걸어왔다. 다른 걱정은 하지 않고, 조선시대부터 이어진 바로 그 공방에서, 소박하고도 아름다운 통영 소반을 계속 만드는 것이 그의 유일한 바람이다.

통영 소목

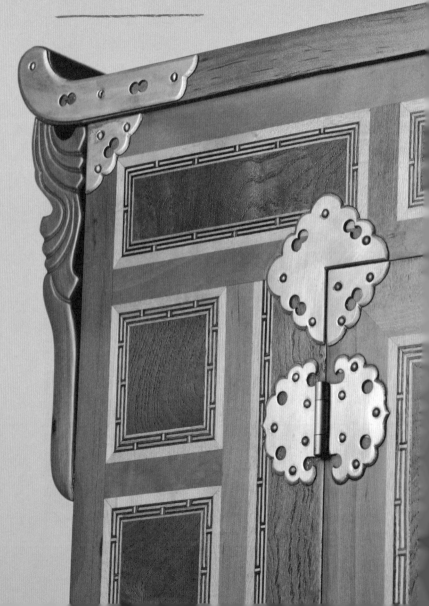

바느질 도구를 넣는 반짇고리부터 작은 빗과 소품을 수납하는 경대, 자주 쓰는 물건을 넣어두는 머릿장, 옷과 이불을 수납하는 농에 이르기까지 일상에 사용하는 생활 목가구를 통틀어 소목이라고 한다.

통영의 소목은 여러 무늬와 색을 지닌 나무를 이용해 성태뇌문(성곽 모양이 반복되는 문양)을 만들어 장식한다. 그 색과 문양이 조화롭게 어우러져 다른 곳에서는 볼 수 없는 화려함과 아름다움을 자아낸다. 은행나무, 개옻나무 등 결이 아름다운 나무로 뼈대를 만든 뒤, 검은색 먹감나무와 흰색 버드나무를 겹겹이 붙여 기하학적인 문양을 만들고 이를 얇게 켜서 장식하는 기술은 다른 지역에서는 볼 수 없는 통영만의 독특한 방법이다.

김금철

1955년생

무형문화재 소목장 전수 조교

누나가 최고의 소목장 천상원 장인의 집안으로 시집가자 열여
덟의 소년은 누나 집을 자주 들락거렸다. 그곳에서 소목의 멋에
반해 평생 나무를 만지는 삶을 살게 되었다. 천상원 장인은 처
음에는 사돈이라는 이유로 일을 배우고 싶다
는 그의 청을 거절했다고 한다. 공방에 드
나드는 것을 겨우 허락 받고도 두 달 가까
이 옆에서 어깨너머로 지켜보다 잔심부름
만 하는 나날이 이어졌다. 그럼에도 가구
가 너무 좋아 그 자리를 떠날 수 없었
다. 우직하게 한눈 팔지 않고 나무를
깎고 다듬어 가구와 문 등을 만드
는 일을 사십 년 넘게 해오고 있
다. 통영 소목은 괴목, 먹감나
무, 홍송, 옻나무 등 서로
다른 나무의 결과 색을

이용해 문양과 선을 넣는다. 다른 지역에서는 찾아볼 수 없는 기법으로 난이도가 높고, 손도 많이 가는 작업이다. 김금철 장인은 이를 옛 방식 그대로 직접 손으로 톱질하고 대패질하며 가구를 만든다. 작업장에는 곱게 손때 앉아 반질반질 빛을 내는, 스승의 스승 때부터 사용하던 옛 공구들이 가득하다. 유난히 복잡하고 손이 많이 가는 일이라 지칠 때도 있지만 나무를 만지는 재미, 작품을 완성했을 때의 뿌듯함, 그리고 통영 소목에 대한 자부심으로 어려운 상황에서도 명맥을 이어가고 있다.

통영 섭패

영롱한 오색으로 빛나는 자개는 나전에 있어 없어서는 안될 중요한 재료다. 전복이나 소라 등의 조개껍데기를 벗겨내고 갈아서 무늬가 아름다운 자개를 만드는 과정을 섭패라고 한다. 물이 얕고 깨끗한 통영과 남해 바다에서 나오는 전복은 다른 지역에 비해 크기는 작은 편이지만 외형에 굴곡이 없어 매끈하고 다양한 빛을 머금고 있기에, 자개 그 자체로도 충분히 아름다운 하나의 작품이다.

전통적으로는 나전장이 섭패 가공까지 함께 했었으나 나전칠기의 수요가 늘어나며 분업이 이루어졌고, 섭패 가공을 전문으로 하는 이들이 생겼다.

이금동

1951년생

경상남도 최고 장인 지정 섭패장

사십여 년 섭패 가공을 했다. 나전칠기의 전성기이던 1979년대 통영 곳곳에는 섭패 공장의 굴뚝이 솟아 있었다. 그 시절부터 이금동 장인은 자개 가공에 있어서는 가장 솜씨 좋은 기술자로 소문이 자자했다. 공방 주인들은 그는 물론 그 밑에서 일을 배운 사람까지 일을 맡기기 위해 서로 데려가려고 성화일 정도였다.

타고난 손끝 감각에 남들보다 빨리 일을 배웠고, 조개의 껍질을 벗겨내면 나타나는 영롱한 빛에 반해 스스로를 더 채찍질하며 단련했다. 자개의 수요가 줄고, 해외에서 수입되는 저가 제품이 많아져 전국에 섭패를 가공하는 사람이 몇 남지 않았지만 여전히 섭패

의 매력에 빠져 타협하지 않고 양보다는 질을 생각하며 더 좋은
제품을 만들기 위해 노력한다.

그는 자개를 작품에 사용하는 순간까지 미리 고려하여 남해안
산 전복을 세밀하고 정교하게 갈아내고 재단해, 두툼하고 오색
영롱한 자개를 만든다. 자개의 두께가 두꺼워야 옻칠을 여러 차
례 충분히 할 수 있고 시간이 지나도 변하지 않으며 영롱한 색이
제대로 살아난다. 바다가 오염되어 예전처럼 좋은 전복이 나지
않아 아쉬운 마음이다.

첫 번째 길 - 匠人之道

통영 누비

두 겹의 천 사이에 솜을 두고 촘촘하게 바느질하는 누비는 따뜻함과 튼튼함 등 실용성을 겸하고 있어 널리 사랑 받았다. 전통 누비를 현대적으로 계승한 통영 누비는 재료와 제작 형태에 따라 다양한 제품을 선보이고 있다. 대량으로 생산하는 기계 누비와 달리 통영 누비는 사람이 직접 밑실과 윗실을 꼬아 재봉틀로 한 줄씩 정교하게 박아내기 때문에 오래 사용해도 풀림이 없고 형태가 변함이 없다.

통영 누비가 다른 지역과 차별성을 갖는 바탕에는 통영 12공방이 있다. 통영 누비는 재봉틀의 노루발 모양부터가 다르다고들 한다. 예부터 장석을 비롯해 다양한 공예가 발달했고, 그만큼 손재주 좋은 사람도 넘쳐났다. 재봉틀의 부속을 누비 작업에 맞춰 손볼 수 있는 기술이 있었던 것이다. 통영 누비는 불과 얼마 전까지도 전국에서 혼수품으로 큰 사랑을 받았다.

조성연

1962년생

누비장

조선시대 통영 12공방은 시대에 따라서 조금씩 변화했다. 처음 만들어졌던 공방이 사라지기도 하고, 기능이 달라지기도 했으며, 새로운 공방이 생겨나기도 했다. 사실 누비가 통영 12공방에 속했던 적은 없다. 그러나 현대에 12공방이 부활한다면 새로이 추가될 부분은 누가 뭐래도 누비가 아닐까. 일상 속에서 쓰임을 담고 있는 물건이 섬세한 아름다움과 깊이를 추구하며 완성도를 갖추었을 때 그 물건은 비로소 작품이 된다.

기술적 깊이와 섬세한 완성도를 더하며 통영 누비를 끌어가는 이가 바로 조성연 장인이다. 바느질을 시작한 지 삼십여 년, 정해진 것을

하기보다는 끊임없이 도전하는 것이 좋아 누비에 빠져들었다. 그 역시 일을 시작할 때는 심부름부터 도맡았다. 그러나 재봉틀 앞에 앉아 일을 빨리 배우고 싶은 욕심에 "월급을 받지 않을 테니 일을 시켜달라"고 청했다고 한다. 그렇게 시작한 일은 적성에 맞아 재미있었고 주변에서도 그의 실력을 인정해주었다. 새로운 일을 할 때면 재봉틀을 그에 알맞게 직접 고치고, 숱하게 실험하고 수정하며 마음에 드는 작품이 나올 때까지 긴장을 놓지 않는다. 오늘에 안주하지 않고 계속 새로운 것에 도전하기에 앞으로 보여 줄 작품이 더 많다.

첫 번째 길 - 匠人之道

이야기와 함께 걷는
장인지도 코스

1

통제영
옛길

한양에서 통제사가 새로이 부임해
통제영으로 향할 때 걸어 들어온 길이자,
전국의 장인들이 통영 12공방을 찾아 올
때 걸어온 길입니다. 통영의 무형문화재
장인들이 후학에게 기능을 전수하는
공간인 전통공예전수교육관에서
출발해 통영성 북문의 흔적, 옛 정취가
남아 있는 골목길, 김용식·김용익
기념관 등을 지나 통제영의 12공방까지
이어지는 코스입니다. 길 중반쯤
통제영과 동피랑, 통영 앞바다를 한눈에
시원스레 내려다 볼 수 있는 걷기 좋은
길입니다.

①전통공예전수교육관-②효열각-
③통영성북문-④김용식·김용익
기념관-⑤전망대-⑥통제영-
⑦통영12공방
소요시간: 1시간 30분

※ 코스 안내는
구술을 바탕으로
정리한 글로 함께
걷는 기분을 느낄
수 있도록 입말을
살렸습니다.

63

❶ 전통공예전수교육관

통제영 옛길의 시작은 전통공예전수교육관입니다. 국가 지정 중
요무형문화재인 통영 발과 통영 나전 그리고 통영 소목을 만드
는 장인이 작업을 하고 후학에게 기능을 전수하는 곳입니다. 우
리 전통 발은 안과 밖을 구분하는 내외문화의 산물입니다. 또한
빛은 가리고 바람은 통하는 피서문화를 담고 있습니다. 기능보유
자인 조대용 장인은 대를 이어 통영 발을 만들고 있습니다. 통영
나전도 마찬가지입니다. 대를 이어 나전을 만드는 송방웅 장인을
이곳에서 만날 수 있습니다. 통영 나전의 재료는 전복 껍데기를
갈아서 만드는데, 지금은 섭패장이 따로 있어서 전복을 가공하
여 가느다란 막대 모양이나 넓적한 판 모양으로 만들어줍니다.
대발이나 나전을 비롯해서 우리 전통의 공예품은 쉽게 만들어
지는 것이 없습니다. 오랜 시간 공을 들여야 겨우 작품 하나가 탄
생합니다. 소목도 마찬가지입니다. 통영 소목의 경우 먹감나무
를 이용해서 무늬를 만듭니다. 그려 넣는 것이 아니라 나무판 사
이에 까만 먹감나무를 넣어 붙여서 무늬를 만듭니다. 소목은 통

영공예품의 정수입니다. 나무와 옻칠, 두석 등이 다 들어가야 비로소 작품 하나가 나옵니다. 통영 소목 전수 조교인 김금철 장인은 최고의 소목장으로 손꼽히던 중요무형문화재 천상원 장인에게 소목 일을 사사했습니다.

첫 번째 길 - 匠人之道

❷ 효열각

조선시대에는 사람들이 많이 지나다니는 길가에 비석을 세웠습니다. 송덕비·공덕비·불망비 등 감사의 뜻을 담은 비석과 계몽을 목적으로 하는 효자비·효부비·열부비 등입니다. 여기에는 효부와 열부의 비석을 모은 각(閣)이 있습니다. 조선시대는 유교사상 아래 남존여비의 세상이었습니다. 여자는 이름이 있으되 이름을 남길 수 있는 길이 없었습니다. 병든 시어른이나 남편을 위해 허벅지 살이나, 손가락을 베어 피를 흘려 입에 넣어주는 자해를 해야만 효부나 열부의 이름을 얻었고, 그나마도 본인의 이름이 아닌 가문의 성으로 남는 것이 여자가 누릴 수 있는 영광이었습니다. 이곳에 효열각이 있다는 건, 이 길이 조선시대에 많은 사람들이 오가던 옛길이라는 의미입니다.

바다로 둘러싸인 통영에서 육지로 통하는 유일한 길로, 이 길을 따라 고성, 사천, 진주로 갔고 거제를 갈 때도 조금 앞에 있는 갈림길을 이용했습니다. 통영 사람들은 이곳을 해미당이라고 부르는데, 해미는 할머니를 부르는 이 지역 방언입니다. 할미, 핼미에서 받침이 떨어져 나갔으리라 짐작합니다. 옛날엔 마을 입구에 성황당이 있었는데, 이 해미당이 그 성황당이라고 생각하시면 됩니다. 여기가 통영이라는 마을의 시작이자 가장 끝 지점이었습니다. 배를 이용하지 않고 걸어서 육로로 이동할 때는 이 길을 지나야만 했고, 통제사가 임기를 마치고 갈 때나 부임해 올 때 통제사를 맞이하던 곳도 바로 이곳입니다. 사실 이 언덕 길아래는 원래 바다였습니다. 통영은 산언덕을 내려오면 바로 바다가 나오는 지형입니다. 그런데 조선시대부터 매립을 시작하여 일제강점기에 제법 많은 곳을 매립하고, 오늘날까지도 끊임없는 매립으로 땅은 넓어지고 해안선은 단순해지고 있습니다. 통영의 해안선은 원래 복잡하기 이를 데 없는 리아스식 해안인데 점차 그 굴곡이 사라지는 상황입니다. 오늘날 통영에서 볼 수 있는 평평한 지형은 거의 매립한 땅이라고 보면 됩니다.

2016년 통영시는 통영시청직장어린이집 건축을 위해 효열각을 철거했습니다. 문화재는 처음 자리 잡은 위치 속에도 의미가 숨어 있습니다. 그 가치에 대한 올바른 인식과 행정이 아쉽습니다.

첫 번째 길 - 匠人之道

❸ 통영성 북문

옛길은 일제강점기에 신작로를 내면서 골목이 되고, 건물이 들어서면서 중간중간 끊기기도 했습니다. 그래서 돌아 돌아 옛길을 찾아갈 수밖에 없습니다. 삼도수군통제영을 방비하기 위해 그 주변에 빙 둘러 쌓은 통영성도 시간이 흐르며 여기저기 끊기고 말았지만 아직도 곳곳에 흔적이 남아 있습니다. 그중 한 곳이 통영성의 북문이 있던 자리입니다.

통영성 안에는 화재에 대비한 연못 세 개가 있었습니다. 그 연못 중 하나가 북문 가까이 있었습니다. 남아 있는 흔적을 살펴보면 큰 돌이 눈에 띄는데 이 돌이 통영성의 기초석이고, 그 아래 물이 흘러가도록 내어 놓은 수구가 연못과 통했습니다. 연못의 물이 조금씩 내려와 이 골목을 따라 흘렀을 것입니다. 조선시대에는 수군들의 비타민 공급을 위해서 이곳에 미나리를 길렀다고 합니다.

첫 번째 길 - 匠人之道

❹ 김용식·김용익 기념관

이제 김용식·김용익 기념관으로 가겠습니다. 두 분의 부친은 어린 두 아들을 데리고 새벽마다 세병관 뒤 여황산에 올라 떠오르는 해를 바라보며 세상에 도움이 되는 사람이 되게 해달라고 기도를 하셨답니다. 김용식은 외교관으로 1988년도 서울 올림픽을 유치한 분이고, 동생 김용익은 미국에 살며 영어로 아름다운 단편소설을 쓴 분입니다. 많은 사람들이 학교 다닐 때 교과서에 실린 알퐁스 도데의 '별'을 보며 낯선 풍경이지만 감동한 기억을 갖고 있을 텐데, 이 분이 쓰신 '해녀'라는 작품도 그렇게 영미문

화권 여러 나라 교과서에 실려 한국의 전통적인 삶과 정서를 보여 주고 감동을 주었습니다. 김용익은 광복 후 통영에 미군이 들어왔을 때 통역을 맡았을 정도로 영어에 능숙했고 그 인연으로 미국 유학을 갔습니다. 형제가 살던 옛집은 허물어져 새로운 양옥집이 들어서 있었는데, 이를 조금만 손봐 꾸민 기념관이라 아늑하고 편안한 가정집의 느낌이 듭니다.

첫 번째 길 - 匠人之道

❺ 전망대

통영은 산과 바다가 어우러진 땅입니다. 산이 바다와 만나 길은 구불구불하고 곳곳에 언덕과 골이 많은 지형입니다. 매립을 하지 않은 원래의 지대, 옛길을 걷다 보면 자연스레 언덕을 오르내

리게 됩니다. 오르막길을 걷다 보면 숨이 차오르지만 도착하는 순간 흘린 땀이 아깝지 않은 풍경이 펼쳐집니다. 이 코스에 있는 언덕은 별로 높지는 않지만 시야가 트이는 곳입니다. 오른쪽으로는 국보 305호인 세병관과 장인들의 옛 공방을 재현한 12공방이 있는 삼도수군통제영을 한눈에 내려다 볼 수 있고, 왼쪽으로는 동피랑의 아기자기한 집들, 앞으로는 중앙시장과 바다가 펼쳐집니다. 통영은 실핏줄 같은 골목이 살아 있는 도시입니다. 여기저기 큰길을 내면서 예전에 비해 많이 사라지긴 했지만, 다른 지역에 비하면 이렇게 골목골목 삶이 묻어 있는 작은 길들이 아직 여럿 남아 있어 걷는 맛이 있습니다.

첫 번째 길 - 匠人之道

❻ 통제영

통제영으로 가는 길 입구에 돌 벅수 한 기가 서 있습니다. 남쪽 지방에서는 장승을 벅수라고 부릅니다. 장승은 보통 마을 입구를 지키는 수호의 상징입니다. 흔히 알고 있는 천하대장군, 지하여장군처럼 보통 장승은 나무로 만들고 암수 짝을 지어 세워둡니다. 통제영 앞에 있는 벅수는 일반적인 형태와는 달리 돌로 만들었고 토지대장군이라고 써 있습니다. 통제영 뒤에 있는 산은 여황산인데 여황산에서 이어지는 산세가 통영성 서문 자리에서 푹 꺼집니다. 풍수지리에서 이런 지형은 담이 꺼져 있으니 도

둑이 들 형상이라 합니다. 보통 장승은 마을 입구를 지키는 수호의 상징입니다. 그래서 그 자리를 지켜보도록 돌 벅수를 두었습니다. 또한 통영성 안에는 동문, 서문, 남문, 북문으로 연결된 큰길 네 개가 있었고 그 길이 만나는 지점이라 벅수를 세운 것인데길을 정비하며 지금은 조금 자리를 옮겨 두었습니다.

통제영으로 들어가는 입구인 망일루 앞 계단은 1604년에 삼도수군통제영을 세우면서 만든 돌계단입니다. 사백여 년의 역사를 품고 있는 돌 계단에 앉아 잠시 그 기운을 느껴 보시기 바랍니다. 망일루(望日樓)는 한자 그대로 풀이하면 '해를 바라보는 누각'입니다. 당시 해를 상징하는 것은 바로 임금이었습니다. 조선시대는 왕권 중심 사회로 신하는 누구나 왕에게 충성을 다해야했습니다. 조선 수군을 관장하는 기구인 삼도수군통제영을 드나드는 누각에 망일루라고 이름 짓는 것은 너무나 자연스러운일이었을 것입니다.

조선시대 누각은 문의 역할을 겸하여, 앞에는 누각의 이름을 달고 뒤에는 문의 이름을 달아둡니다. 세병관으로 들어가는 문이라서 뒤에는 원래 세병문이라는 현판이 달려 있었는데 복원하면서 뒤쪽에 있었던 문 현판은 빠졌습니다. 누각을 보시면 다리가 칸을 나누고 있습니다. 조선시대 문은 거의 삼문입니다. 우측통행을 했던 조선시대에는 오른쪽 문으로 들어가서 오른쪽 문으로 나옵니다. 동쪽으로 들어가서 서쪽으로 나온다고 동입서출(東入西出)이라고 합니다. 가운데 문은 그 집의 주인이 다니는문으로 다른 잡인이 함부로 다닐 수 없었습니다. 세병문의 가운

첫 번째 길 - 匠人之道

데로 다닐 수 있는 사람은 통제사였습니다.

세병문을 지나 가파른 계단을 올라 지과문을 통과하면 드디어 세병관이 모습을 드러냅니다. 높은 건물이 없던 시절에는 배를 타고 와 통영항에 내리면 세병관과 동피랑 정상의 망루 동포루가 훤히 다 보였습니다. 일제강점기 일본의 훼철과 근대화에 따른 훼손으로 몇 차례 보수를 거치긴 했지만 최근 망일루, 지과문, 수항루 등 여러 건물을 복원하여 당시 최고의 위치에 있던 지방 관아의 위용을 되찾았습니다. 세병관은 외관의 단순함과 내부의 대칭적 구성을 통해 조선시대 군영건축의 면모를 여실히 보여주는 정면 아홉 칸, 측면 다섯 칸의 팔작지붕건물로 국보 제305호입니다. 세병관의 세병(洗兵)은 당나라 시인 두보의 시 '세병마'에서 이름을 따온 것으로 '은하수를 끌어다 병기를 씻는다(만하세병挽河洗兵)'는 뜻입니다. 은하수 물로 무기를 씻는 것은 전쟁을 준비하기 위함이 아니라 전쟁을 영원히 끝내기 위한 것입니다. 안녹산의 난 때 포로가 되는 등 숱한 전쟁의 참혹함을 겪었던 두보의 평화를 향한 간절한 열망이 담겨 있습니다.

통제영은 자급자족으로 운영하던 곳입니다. 심지어 주전소가 있어 화폐를 찍어내기도 했습니다. 통제사는 수군을 총 지휘하며 막강한 권한도 갖고 있으나 절대군주인 왕과 물리적 거리가 멀었습니다. 그래서 통제사의 임기는 길어야 이 년이었습니다. 세병관은 임금의 전패를 모신 건물인 객사, 즉 왕의 공간입니다. 통제사는 부임하여 임기가 끝날 때까지 매월 초하루와 보름이면 왕이 있는 한양 쪽으로 궐패와 전패를 놓고 충성맹세를 하는 의식, 망궐례를 행하였습니다. 세병관 마루 안쪽으로 보이는 단이 왕을 상징하는 궐패를 올려두는 '궐패단'입니다.

세병관은 밖에서 한 바퀴 휙 둘러보고 가는 건물이 아닙니다. 신을 벗고 올라가서 구석구석 들여다 보면 볼수록 재미가 있는 공간입니다. 천정에 있는 그림도 보고, 현판도 보아야 합니다. 그림마다 담겨 있는 이야기를 상상해 보셔도 좋습니다. 현판은 지금의 단체 사진 같은 역할로 통제사 아래 같이 근무한 사람들의 이름과 직함, 출신을 기록해 걸어둔 것입니다. 통제사가 209대까지 있었으니 209개의 현판이 있어야 하는데, 지금까지 남아 있는 것은 43개입니다.

목조건물을 지으면 처음에 들기름을 바른다고 합니다. 윤도 나고 썩지 않도록 기름칠을 하는 것입니다. 그 기름이 나무에 스며들어 없어질 즈음부터는 제일 좋은 것이 사람 기름이라 합니다. 목조건물은 사람 손을 타야 오래 갑니다. 많이 만져주고 많이 비비적거려야 건물에 윤이 나고 썩지 않습니다. 국보 세병관을 찾는다면 최대한 많이 살펴보고, 만져보고 가셨으면 합니다.

❼ 통제영 12공방

통제영 안에는 장인들이 머물며 일하는 공방이 있었습니다. 처음에는 군수품을 만드는 곳이었는데, 시간이 흐르면서 차츰 생활용품, 그 후에는 공예품으로 생산품이 바뀌었습니다. 지금 있는 12공방은 통제영을 복원하며 새로 지은 건물들로 갓을 만드는 갓방, 대나무로 상자와 대발 등을 만드는 상자방, 조개껍데기를 가공하여 모양을 내는 나전 공예의 패부방, 금이나 은으로 장신구를 만드는 은방, 주석 등의 금속으로 장석을 만드는 석방 등을 복원하였습니다. 장인들은 정해진 때 한 번씩 시연행사를

하는데 12공방을 복원한 후 이곳에서 행사를 하고 있어 직접 작
업하는 모습을 볼 수도 있습니다.

조선시대 통제영 12공방에서 만든 물건은 한양의 사대부는 물
론이고 중국이나 일본에서도 인정하던 명품입니다. 1895년 통
제영 폐영 이후 장인들은 통영의 골목골목으로 흩어졌지만, 그
뛰어난 미적 감각과 장인정신은 끊어지지 않고 이어져 통영에
근현대 문화예술을 꽃피우는 토양이 됩니다.

첫 번째 길 - 匠人之道

미륵도
장인
산책길

충무교에서 시작하여
통영나전칠기체험교실,
통영나전칠기공방, 전혁림미술관,
통영전통공예관 등 문화예술
공간에서 관람과 체험을 더불어
할 수 있는 길입니다. 코스가 조금
길지만 계절에 따라 다른 모습을
보여주는 호젓한 산책길을 걸어
마지막 지점에 다다르면 시원한
바다를 만날 수 있습니다.

①충무교-②통영나전칠기체험교실
-③통영나전칠기공방-④통영
무형문화재 추모 비석군-
⑤전혁림미술관-⑥당산나무-
⑦통영전통공예관
소요시간: 2시간~2시간 30분

첫 번째 길 - 匠人之道

❶ 충무교

통영의 가장 큰 섬인 미륵도와 육지를 잇는 다리로 정식 명칭은 충무교이지만 통영사람들에게는 운하교라는 이름이 더 익숙합니다. 통영운하에 건설된 다리라 그렇게 부르곤 합니다. 통영운하는 일제강점기에 만들었습니다.

우리나라를 침략한 일본은 전국 곳곳에서 물자를 수탈했습니다. 전라도 곡창지대에서 쌀을, 이곳 통영에서는 수산물을 일본으로 실어 날랐습니다. 여기에서 배로 일본에 가려면 거제와 부산을 거쳐 가는 뱃길뿐이었습니다. 식민 지배 기간 일본은 우리 땅에 우리 백성들을 동원하여 자신들의 침략과 전쟁을 위한 시설을 참 많이 만들었습니다. 기차를 놓고 건물을 새로 짓고 길을 닦았습니다. 그리고 통영에는 운하를 만들었습니다.

원래 통영의 육지와 바로 옆의 섬 미륵도 사이의 바다는 물길이 좁아서 큰 배가 다닐 수 없었습니다. 일제강점기에 통영을 들렀다 가는 배는 좁은 물길 때문에 미륵도를 빙 돌아서 가느라 시간도 연료도 더 필요했습니다. 뱃길을 단축시킬 방법을 연구하다가

첫 번째 길 - 匠人之道

물길을 넓혀 배가 다닐 수 있는 운하를 만들기로 했던 것입니다. 원래는 작은 돌다리가 있었는데 운하를 만들며 다리 대신 사람들이 왕래할 수 있도록 바다 밑으로 해저터널을 만들었습니다.

현재의 충무교 끝에는 김삼주 공덕비가 있습니다. 김삼주는 어렵게 자수성가한 통영의 부자였습니다. 운하를 만들기 전에는 썰물 때는 걸어서 다닐 수 있을 정도의 목이었습니다. 그러나 물이 들었을 때는 수심이 깊어져 다리가 필요했습니다. 조선시대에는 나무다리였는데, 태풍이 올 때마다 다리가 유실되자 돌다리를 놓았습니다. 그 다리, 착량교를 놓은 사람이 바로 김삼주입니다. 일제강점기에 일본인들이 통영성을 부수고 신작로를 만들었는데, 그 통영성의 돌을 가져다가 만든 다리였다고 합니다.

충무교에 서면 한쪽으로는 통영항을 볼 수 있고, 다른 한쪽으로는 통영대교를 볼 수 있습니다. 어선들도 이 운하를 지나 통영항으로 가곤 합니다. 유연한 곡선의 운하와 등대, 그리고 물보라를 일으키며 지나가는 어선의 모습은 언제 봐도 멋진 풍경입니다.

② 통영
나전칠기
체험교실

이곳은 김종량 나전장의 공방이자 미리 신청을 하면 일반인도
나전칠기 체험을 할 수 있는 체험공간입니다. 김종량 장인은 통
영 나전의 인기가 높던 시절, 어린 나이에 나전을 배우기 시작했
습니다. 어린 나이였지만 남들보다 빨리 일을 배웠고, 일에 재미
를 느끼며 실력이 늘어 인정받았다고 합니다. 예전에는 많았던
나전 공방이 지금은 대부분 사라졌지만 김종량 장인은 여전히
나전을 연구하며 새로운 시도를 두려워하지 않고 작업하고 있
는 분입니다.

❸ 통영나전칠기공방

골목을 조금만 걸어가면 또 한 명의 나전장이 작업하는 공간, 통영나전칠기공방에 도착합니다. 지하 1층은 통영나전칠기교실을 수료한 사람들이 작업을 하고 미리 신청한 일반인들도 나전칠기 체험을 할 수 있는 열린 공방입니다. 그리고 1층은 박재성 장인이 작업을 하는 공방이 있고, 나전 작품도 여럿 전시되어 있습니다. 글을 쓰는 작가들이 저마다의 문체를 갖고 있듯 나전칠기도 장인마다 색깔이 무척 다릅니다. 작품을 볼 때 장인에게 어떤 특징이 있는지 찾아보는 것도 작품을 감상하는 하나의 재미가 되리라 생각합니다. 그렇게 한 명 한 명의 작품 세계에 다가가고 자신의 취향과 감성에 와 닿는 작품이 있다면 응원하는 마음으로 그분의 작품들을 두루두루 찾아 보셨으면 합니다. 전통공예 장인들도 한 분 한 분이 예술가로 더 많은 사람들에게 기억되었으면 좋겠습니다.

이 공방을 나와 다음 장소로 이동하는 길은 그리 길지는 않지만 계절에 따라 다른 모습을 보여주는 숲길입니다. 숲길 옆으로는 아파트 단지가 있는데, 이곳은 예전에 좋은 돌이 나기로 유명해 이곳의 돌을 캐서 숫돌로 썼다고 합니다. 저마다 수십, 수백 개의 연장을 갖고 있는 장인들이 이곳에서 나는 숫돌을 가져다가 연장을 손봤을 것입니다.

첫 번째 길 - 匠人之道

④ 통영 무형문화재
추모 비석군

통영에는 비석군이 세 군데 있습니다. 통제영 안에 통제사 비석군이 있고, 여기 무형문화재 비석군, 그리고 그 바로 앞에 있는 효자·효부·열부 비석군입니다.

비석들이 처음부터 이렇게 한곳에 모여 있었던 것은 아닙니다. 글을 모르는 사람이 많고 텔레비전이나 라디오가 없던 조선시대에 충효사상을 백성들에게 계몽하기 위해 사람들이 많이 다니는 길목에 비석을 세웠습니다. 통제사 불망비도 마찬가지입니다. 무형문화재 비석 또한 도시화 과정에서 설 곳을 잃은 것을 한데 모은 것입니다. 비석군을 조성한 이후로는 처음부터 이곳에 비를 세웁니다. 여기 있는 비석들을 보면 통영에 얼마나 많은 무형문화재 장인들이 있었는지 알 수 있습니다.

첫 번째 길 - 匠人之道

❺ 전혁림미술관

'색채의 마술사'라 불리는 전혁림 화백과 그의 아들이자 화가인 전영근 화백의 작품을 볼 수 있는 미술관입니다. 전영근 화백이 직접 구상하고 아버지의 그림을 타일로 구워 붙이며 손수 땀 흘려 지은 건물입니다.

전혁림 화백의 어릴 적 꿈은 세계적인 인물이 되는 것이었다고 합니다. 처음에는 그 길을 운동으로 잡고 장대높이뛰기 선수가 되려 바닷가 모래밭에서 매일 같이 연습을 했는데, 그러다 무릎을 다쳐서 운동선수의 꿈을 접었습니다. 그 다음으로 찾은 길은 문학으로 작가가 되는 것이었습니다. 집에 있던 세계문학전집을 읽으며 꿈을 키웠으나 당시는 일본어로 읽고 쓰는 것을 강요 받던 일제강점기였기에 남의 언어로 글을 쓸 수는 없다며 두 번째 꿈도 접었습니다.

전혁림 화백이 다니던 통영의 수산전문학교에는 일본인 교수가 있었는데 학생들과 취미로 그림을 그렸답니다. 이때 전혁림 화백도 함께했는데, 그때 그린 그림으로 칭찬을 받고 상을 받으면서 그림에 흥미를 느끼고 자신이 가야 할 길을 깨달았다고 합니다.

그는 통영 특유의 문화적 배경과 전통 건물에서 받은 영감을 기반으로 자신만의 독창적인 세계를 구축한 화가입니다. 광복 이후 대한민국미술전람회에 당선이 되고 몇 차례 상을 받았지만 학벌과 파벌 중심으로 흘러가는 화단에 실망하여 국전에는 더 이상 출품을 하지 않고, 부산을 중심으로 작품과 전시 활동을 하다 1977년 고향 통영으로 돌아왔습니다. 얼마 지나지 않아 평단에서 그를 '과소평가 받은 작가'로 재조명하고, 예순다섯의 나이에 더 널리 알려지게 됩니다. 작품에 쏟아지는 관심에 힘입어 인생 후반에 더 의욕적으로 작업에 매진한 전혁림 화백은 아흔여섯에 생을 마감하기 며칠 전까지도 붓을 놓지 않았습니다. 아흔에 열렸던 전시 〈90, 아직은 젊다〉에 노무현 전 대통령이 직접 관람을 와서 오방색으로 그린 통영항 그림을 구입, 청와대 영빈관에 걸어두어 화제가 되기도 했습니다.

김춘수 시인의 시에 보면 '오늘도 전혁림은 용화사 단청만 바라보았다'라는 시구가 있습니다. 전혁림 화백은 단청의 색감에 매

첫 번째 길 - 匠人之道

료되어 끊임없이 우리 색을 연구하고 우리나라 전통에서 소재를 찾아 현대적인 추상화로 재구성했습니다. 광복 직후에는 유치환, 김춘수, 윤이상 등 통영의 예술가들과 함께 통영문화협회를 결성하여 문화운동을 펼치기도 했습니다.

95

통영에서 나전칠기기술원양성소 학생들에게
그림을 가르쳤던
화가 이중섭

한국전쟁 중 서귀포와 부산에서 피난 생활을 하던 화가 이중섭은
당시 통영에 있던 경남도립 나전칠기기술원양성소의 유강렬과의
인연으로 1952년 봄부터 1954년 봄까지 2년 동안 통영에 머무르며
작품 활동을 한다.
나전칠기기술원양성소는 한국전쟁 중 한국 전통 문화를 살리고자
설립한 2년제 교육기관으로 당대 최고의 나전 장인과 통영의
미술인들이 강사로 활동하며 나전칠기 기술원을 양성했다.
이중섭은 이곳에서 학생들에게 데생을 가르치며 오랜만에 자신의
작품 활동에도 집중할 수 있었다. 가족을 모두 일본으로 떠나보내고
부산에서 노동으로 근근이 생활하던 이중섭에게 안정된 일자리와
예술을 논할 친구들이 있는 통영 생활은 짧지만 따뜻한 안정을 준
시기였다.

그는 대표작 '흰 소', '달과
까마귀', '황소', '부부' 등을
이 시기에 그렸고, '세병관
풍경', '통영 앞바다', '통영 풍경',
'남망산 오르는 길이 보이는
풍경', '충렬사 풍경' 등 통영을
배경으로 한 풍경화도 여러
점 그렸다. 또 호심다방에서
전혁림, 유강렬, 장윤성과 함께
〈통영 4인전〉, 성림다방에서는
개인전을 여는 등 전시 활동도 활발했다. 이중섭이 기거하던
나전칠기기술원양성소가 있던 부근은 다방과 술집 등이 많은
곳이었는데 그곳에서 당시 통영에서 활동하던 유치환 등의
예술가들과도 어울리며 인생과 예술에 대해 논하는 모습이 자주
보였다고 한다. 호심다방에서 4인전을 함께했던 전혁림은 당시
이중섭에 대해서 이렇게 회고하였다.

"장윤성이하고, 유강렬하고, 나하고, 중섭이가 모여서 그림 팔려고
한 거 아닙니까? 팔렸어! 나 그림은 서울 사는 부인이 다방으로
들어오더마는 현장에서 돈을 주고 사가고 그랗께 딴 사람들이,
중섭이가 혀를 헤 내밀더만. 중섭이 '소'는 딴 사람이 샀어요.
그때 돈으로 8만 원이라고 하드나."

예술사 구술 총서 002 〈전혁림 全爀林 - 다도해의 물빛 화가〉, 수류산방 중

❻ 당산나무

통영의 골목들은 아직 예스러운 분위기를 간직하고 있는 곳들이 많습니다. 두세 사람이 겨우 지나갈 정도로 좁은 골목, 그 양쪽으로 나지막한 집들이 줄지어 서 있는 모습이 정겹습니다. 정겨운 골목을 따라 걷다 보면 당산나무가 나옵니다. 수령이 삼백 년이나 된 나무입니다.

예전에는 마을마다 그 마을을 수호하는 나무가 있었는데, 그걸 당산나무라고 합니다. 신목(神木)이라고도 하는데, 사람들이 복을 달라 기도하기도 하고 제를 올리기도 했습니다. 지금은 큰 그늘을 드리우며 좋은 쉼터가 되어 주고 있습니다. 걷다가 이렇게 커다란 당산나무를 만나면 수백 년 같은 자리를 지켜온 나무를 한번 쓰다듬어도 보고 잠시 쉬어가면 더 즐거운 여행이 될 것입니다.

　　　　　　　　　　　　　첫 번째 길 - 匠人之道

미륵도 장인 산책길

❼ 통영전통공예관

통영전통공예관까지 가는 길은 찻길 옆 보도입니다. 조금은 지루할 수 있지만, 이 길이 끝나는 곳에는 시원한 바다가 기다리고 있고, 바로 그 앞에 통영전통공예관이 있습니다. 통영 나전, 통영 누비, 통영 소반, 통영 소목 등 통영의 전통 공예품을 모두 모

아 놓은 곳입니다. 관람을 할 수도 있고, 구입도 할 수 있습니다. 각 분야의 여러 공예가들이 만든 다양한 작품을 한자리에서 볼 수 있는 곳으로, 통영 전통 공예의 영광이 과거의 것만이 아니라 지금도 여전히 살아 있음을 느낄 수 있을 것입니다.

전통 공예를 현대미술의 영역으로 확장시킨
옻칠미술관

통영에는 전통 공예의 아름다움을 이어가는 장인들은 물론 전통에
뿌리를 두고 새로운 길을 걷는 예술가들이 있다. 옻칠미술관에 가면
지금까지는 보지 못했던 색다른 작품을 만날 수 있다. 옻칠미술관은
수천 년 동안 이어져 온 우리 민족 전통의 칠예 문화인 옻칠을
현대미술의 영역으로 확장하여 '옻칠화'라는 새로운 장르를
개척한 옻칠의 대가 김성수 관장의 혼이 배어있는 곳이다. 최고의
나전칠기 장인을 길러내던 경상남도 나전칠기기술원양성소에
1기로 들어간 김성수 관장은 한국 나전칠기의 거장 김봉룡, 칠예가
강창규, 화가 이중섭과 김용주 등에게 나전칠기와 소묘, 디자인 등을
배웠다. 수료 후 부산의 나전칠기 공방에서 작업을 이어가다 다시
나전칠기기술원양성소에 돌아와 후배들을 가르치기도 했다. 이후
대한민국미술전람회에서 최고상 등을 여러 차례 수상하며 실력을
인정받고 홍익대, 숙명여대에서 교수 생활을 하며 작품 활동과 함께
후학을 길러냈다. 독창적인 작업으로 작가로서 널리 인정을 받은
김성수 관장은 인생 후반에 옻칠화를 더 많은 이들에게 알리고,

이어가려는 마음으로 사재를 들여 고향 통영에 옻칠미술관을
열었다. 옻칠미술관에서는 현대적인 옻칠화부터 전통 나전칠기
작품까지 다양한 작품을 전시하는 동시에 교육 프로그램을
운영하며 옻칠화 작가를 양성하고 있다. 코스와는 떨어져 있어
도보로는 갈 수 없지만 옻칠과 현대미술이 결합한 색다른 작품을
본다면 시간을 내서 찾아간 수고쯤은 전혀 아깝지 않을 것이다. 사실
통영은 차로 이동하면 중심지에서 대부분의 관광지가 이삼십 분
정도 거리 안에 있어 아주 먼 곳도 아니다.

첫 번째 길 - 匠人之道

두 번째 길

통영,
자다가도 달려가고 싶은
문학의 바다

文學之道

문

학

지

도

그때, 한국 문학의 거장들이
통영의 골목골목에
이야기를 숨겨 두었다

통영에는 그런 시절이 있었다. 청마 유치환이 우체국 창가에서 건너편 수예점 일손을 돕던 시조시인 이영도를 바라보며 연서를 쓰고, 그곳에서 몇 발자국 떨어지지 않은 서점에 박경리가 책을 보러 들르고, 조금 더 걷다 보면 유치환의 작업실이 있어 시인 김춘수, 화가 전혁림, 작곡가 윤이상, 시조시인 김상옥 등이 모여 시대와 예술을 논하고 예술운동을 펼쳤다. 통영 문화예술의 르네상스라 불리는 때다. 한국을 대표하는 이 거장들은 통영의 학교에서 학생들을 가르쳤고, 저녁에는 다방에 모여 시를 낭독했다. 지금도 통영에서는 청마 유치환이 가사를 짓고, 윤이상이 작곡한 교가를 학생들이 부르고 있다.

통영은 아름다운 자연환경과 흥미로운 역사를 품고 있는 도시다. 그러나 통영을 찾은 이들이 감탄하는 것이 멋진 풍경과 역사 이야기만은 아니다. 통영에서 태어나고 거쳐간 수많은 작가와 예술가의 이야기를 제대로 알면 누구나 깜짝 놀라곤 한다. 날실과 씨실처럼 서로 엮여 있는 이들의 신기한 인연을 떠올려 보는 것만으로도 통영이 얼마나 풍성한 이야깃거리를 품고 있는 곳인지 짐작할 수 있다. 한국인이 가장 사랑하는 시 '꽃'의 시인 김춘수는 그 시절을 이렇게 회상한다.

해방 직후 통영(지금의 충무시) 출신의 예술인 및 예술 지망생들이 고향에 모여 통영문화협회라는 것을 만들었다. 시인 청마 유치환 씨가 회장직을 맡았었다. 지금은 서독에 국적까지 옮겨 버린 작곡가 윤이상, 시인 초정 김상옥, 작고한 극작가 박재성, 또 한 사람의 작곡가 정윤주, 그리고 화가 전혁림 씨가 중요 멤버였다. 내가 나이가 제일 어려서 그랬는지 총무를 맡아 행사와 준비와 뒤치다꺼리 같은 것을 책임지곤 했다. 〈민족문화의 밤〉이란 거창한 제목을 내걸고 거의 매주일 무슨 행사든 행사를 벌이곤 했다.

김춘수 '전혁림 화백의 편모' 중

통영은 수백 년에 걸쳐 역사와 문화적 지층이 켜켜이 쌓인 문화도시다. 조선시대 경상, 전라, 충청 삼도의 수군을 총괄하는 해상 방어 총사령부인 삼도수군통제영이 통영에 자리잡은 이후 전국의 실력 있는 인재와 물자가 통영으로 몰려들며, 이름 없는 작은 어촌 도시가 이내 중요한 군사도시로 발전했다. 일제강점기에는 일본과 가까운 지리적 특성으로 신문물이 가장 빨리 유입되는 도시였고, 호주에서 온 선교사들도 통영에 자리 잡았다. 호주 선교사들이 여성과 어린이 교육에 힘쓰면서 서양의 근대 교육을 받고 자란 아이들이 생겨났다. 호주 선교사를 모티브로 시를 쓴 김춘수 시인이 그 대표적인 예다. 통영 바다의 아름다움을 매일 같이 보고, 집에서는 부모에게 통제영의 전통과 역사, 정신을 이어받고, 호주 선교사들이 세운 교육기관에서 근대적 서양 교육을 받은 아이들, 그들이 성장하여 시대를 대표하는 문화예술인이 되었다.

해방 직후 이들이 모여서 통영문화협회를 결성했는데 청마 유치환, 시인 김춘수, 작곡가 윤이상, 화가 전혁림과 시인 김상옥 등 통영 출신의 예술인과 예술 지망생들이 그 일원이었다. 유치환이 초대 회장을, 김춘수가 총무를 맡았으며, 윤이상은 간사를 맡았다. 이들은 야학, 한글 학교 등을 운영하면서 연극, 음악, 문학, 미술, 무용 등의 예술운동을 전개했다. 이후 한국전쟁의 혼란이 온 나라를 휩쓸며 문화협회의 일원들은 전국으로 뿔뿔이 흩어지고 말았지만, 문화협회를 함께하며 쌓은 이들의 인연은 깊고 진했다. 가장 뜨겁던 시절을 함께하며 때론 응원하고 때론 감탄하며, 또 때론 서로를 질투하면서 영감을 주고 받고, 자연의 아름다움과 굴곡진 시대를 예술을 통해 풀어내려던 그들의 이야기가 지금도 통영 곳곳에 알알이 박혀 있다.

통영의 수려한 경관과 유구한 역사에 자극을 받은 것은 비단 통영 출신 작가만은 아니었다. 백석, 정지용, 이영도 등 통영에 방문하거나 머무른 많은 작가, 이중섭 등의 화가도 한려수도의 매력에 감탄하며 작품을 남겼다. 삼백 년 통제영의 역사와 뛰어난 솜씨의 장인들, 풍부한 자원과 아름다운 자연환경, 젊고 감각 있는 예술가들의 왕성한 작품 활동, 예술이 탄생하기에 이보다 더 좋은 공간이 또 있었을까. 이들에게 통영은 작품의 영감을 불러넣는 최고의 창작 공간이었다.

통영의 길을 걷게 된다면 조금만 주의를 기울여 주변을 둘러보길 권한다. 한국 문학의 거장들이 걷고, 교류하고, 작품의 영감을 얻고, 모티브로 삼았던 그 길을 바로 지금 걷고 있다는 사실을 곧 깨닫게 될 것이다. 여기에서 소개하는 두 개의 길에는 통영을 사랑한 작가들의 삶과 작품이 은은히 녹아 있다. 작가들이 태어난 곳, 학교를 가기 위해 걸었던 길, 가슴에 품은 애달픈 사랑에 한숨 지었던 자리, 자연의 아름다움에 탄성을 자아낸 풍경 등을 엮은 길이다. 거장들의 발자취는 통영항, 중앙시장, 세병관, 충렬사 등 통영을 찾는 여행자들이 주로 움직이는 동선과도 만나는 부분이 많다. 그들이 빚어낸 작품을 읽고 그들의 발자취를 따라 걷다 보면 익숙한 것도 새롭게 보이는 문학의 마법을 경험할 수 있을 것이다. 그리고 길을 걷는 이의 상상력이 조금 더 더해진다면 골목골목에 숨겨진 이야기가 생생하게 살아나 말을 건네는 순간을 마주할지도 모른다.

청마 유치환

1908-1967

대표작 '그리움', '깃발', '행복' 등

행복

사랑하는 것은
사랑을 받느니보다 행복하나니라
오늘도 나는
에메랄드빛 하늘이 환히 내다뵈는
우체국 창문 앞에 와서 너에게 편지를 쓴다

행길을 향한 문으로 숱한 사람들이
제각기 한 가지씩 생각에 족한 얼굴로 와선
총총히 우표를 사고 전보지를 받고
먼 고향으로 또는 그리운 사람께로
슬프고 즐겁고 다정한 사연들을 보내나니

세상의 고달픈 바람결에 시달리고 나부끼어

더욱 더 의지 삼고 피어 흥클어진
인정의 꽃밭에서
너와 나의 애틋한 연분도
한 망울 연련한 진홍빛 양귀비꽃인지도 모른다

사랑하는 것은
사랑을 받느니보다 행복하나니라
오늘도 나는 너에게 편지를 쓰나니

그리운 이여 그러면 안녕
설령 이것이 이 세상 마지막 인사가 될지라도
사랑하였으므로 나는 진정 행복하였네라

◆

약국을 운영하던 부친 유준수는 슬하에 팔남매를 두었는데,
장남이 극작가 동랑 유치진, 차남이 바로 청마 유치환이다. 일
찍이 일본 유학을 떠났다 가산이 기울자 다시 한국으로 돌아
온 청마 유치환은 십 대 시절부터 마음을 주고 받던 권재순과
결혼하였는데, 이 결혼식에서 꽃을 든 화동 가운데 한 명이 시
인 김춘수였다. 당시 김춘수는 권재순이 일하는 유치원에 다니
던 일곱 살 어린 아이였다. 김춘수는 청마를 따뜻하고 소탈한
인물로 기억한다.
유치환은 결혼 이후 평양, 부산, 만주 등을 떠돌며 생계를 위해

여러 가지 일을 하며 온갖 고생을 했다. 이후 미당 서정주와 함께 생명파 시인으로 자리매김한 그는 통영으로 돌아와 1945년 당대 예술가들과 함께 통영문화협회를 결성, 초대 회장을 지내며 문화 운동을 펼쳤다.

통영에서 유치환은 통영여자중학교 국어교사로 부임하여 학생들을 가르쳤는데, 이듬해 같은 학교 가사교사로 온 시조시인 이영도를 연모하여 수천 통의 연서를 보낸 일화로 유명하다. 지어진 지 육십 년이 넘었지만 여전히 많은 이들에게 사랑받는 시 '행복'은 통영 중앙시장 바로 맞은편에 있는 우체국에서 건너편 수예점 일손을 돕던 이영도를 보며 쓴 시다.

청마는 평생 교육계에 몸담았는데, 내성적이고 말수가 적었지만 거쳐간 학교마다 학생들의 신임이 높았다고 한다. 통영에는 청마가 작사한 교가를 부르는 학교가 여럿이다. 이후 부산으로 옮겨가 시를 쓰며 교육자로 살아가던 청마 유치환은 1967년 교통사고로 갑작스레 사망하였다.

초정 김상옥

1920-2004

대표작 '봉선화', '백자부', '사향' 등

봉숫골

옛날도 그 옛날 봉숫골에는

봉수지기 영감님

혼자 살았네.

낮이면 더덕 캐어

볕에 말리고

달이 밝은 밤이면

피리나 불고.

인적 없는 봉숫골 범이 울어도

봉수지기 영감님

혼자 살았네

◆

초정 김상옥은 선비 집안에서 6녀 1남의 막내아들로 태어났다.

부친은 선비지만 생업을 위해 갓을 만들던 장인이었다. 꼿꼿한 아버지 밑에서 서당을 다니며 어린 시절을 지내던 초정은 여덟 살 어린 나이에 아버지를 여의고 점차 집안이 기울어 인쇄소, 표구사, 제본소 등에서 일하며 문학청년 시절을 보냈다. 어려서부터 오랫동안 어려운 시절을 보냈지만 누구보다 예술 감각이 뛰어나 시뿐만 아니라 서화, 도자기, 전각 등 다방면에서 두각을 드러내며 주위 사람들을 감탄하게 했다. 다양한 경험을 한 후 스무 살의 나이에 등단, 민초들의 삶, 한국적 정서를 쉽고 친근한 언어로 풀어내어 사람들의 마음에 깊은 울림을 주었다.

그의 예술혼을 기리기 위해 조성한 초정거리는 김상옥의 생가가 있는 곳이자, 1926년 시조동인지 〈참새〉가 발간된 곳이기도 하다. 초정은 〈참새〉를 "나로 하여금 시에 눈뜨게 한 첫 횃불"이라고 회상했다. 강인하고 올곧은 성정으로 일제강점기 때 세 번이나 옥고를 치른 그는 광복 되던 해에 유치환 등과 함께 통영문화협회를 결성하는 등 평생 다양한 문화 사업을 펼치고 교육과 예술에 인생을 바쳤다. 통영에 이순신 시비 건립을 주도했던 것도 초정이다. 금실이 좋기로 유명했던 시인은 2004년 부인이 사망하자 곡기를 끊고 엿새 만에 여든다섯의 나이로 생을 마감했다.

김용익

1920-1995

대표작 '꽃신', '푸른 씨앗', '밤배' 등

Now on his wooden stool there remained only five pairs. They seemed to contain the whole emptiness of the refugee-crowded market. I would have emptied my money bag for a single pair before they all went away, yet I was still afraid I might buy sorrow instead of wedding shoes.

김용익 'The Wedding Shoes' 중

◆

태평동에서 태어난 김용익은 유복한 유년시절을 보냈다. 형 김용식은 외교관으로 이름을 떨치며 외무부장관과 주미대사를 거쳤다. 김용익은 해방 후 미국으로 건너가 문학을 공부하며 습작을 하다가, 1956년 〈하퍼스 바자〉에 영어 단편소설 'The Wedding Shoes(꽃신)'를 발표, "가장 아름다운 단편소설"이라는 극찬을 받으며 작품 활동을 시작했다. '해녀', '푸른 씨앗' 등 국내보다 해외에서 더 유명한 그의 작품은 미국과 영국, 독일, 덴마크, 오스트리아 등 세계 각국의 열일곱 개 교과서에 등재되었다. '마술의 펜'이라 불리며 노벨문학상 후보에까지 올랐으나 국내에는 잘 알려지지 않은 안타까운 작가다. 1976년 발표한 단편소설 'Village Wine'은 '미국 최우수 단편'으로 선정, 미주문학상 등을 수상하였다.

미국에 살며 영어로 소설을 쓰고 소설 창작 강의를 했지만, 그의 소설이 담고 있는 세계와 정서는 지극히 한국적인 것이었다. 아니 고향에서 멀고 먼 곳에 있었기에 더욱 고향의 하늘, 길, 사람들이 그리웠고 더 생생하게 그려내려 했을 것이다.

자유로운 영혼을 지녀 미국에서도 한곳에 머물지 않고 여러 도시를 옮겨 다니며 강의하고 창작하며 생활했다. 몇 년 동안은 잠시 한국에 들어와 대학에서 강의를 하며 지내기도 했는데, 그 사이 영문으로 창작했던 자신의 소설들을 직접 한글로 번역하여 출판했다. 그중 소설 '밤배'는 부산과 통영을 오가던 배 속 풍경을 생생하게 그리고 있어 어린 시절을 보냈던 통영이 작가의 마음속 깊이 자리하고 있음을 알 수 있다.

대여 김춘수

1922-2004

대표작 '꽃', '처용 단장' 등

통영읍

도깨비불을 보았다.
긴 꼬리를 단
가오리 모양을 하고 있었다.
비석고개,
낮에도 사람들의 발걸음이 뜨음했다.
시구문에는 유약국이 살았다.
그 집 둘째가 청마 유치환
行而不言(행이불언)이라
밤을 새워 말술을 푸되
산군처럼 그는 말이 없고
서느렇던 이마,
海底(해저)터널 너머
해평이로 가는 신작로 그 어디 길섶

푸르스름한 패랭이꽃

그리고 윤이상

각혈한 핏자국이 한참까지

지워지지 않았다.

늘 보는 바다

바다가 그 날은 왜 그랬을까

뺨 부비며 나를 달래고

또 달래고 했다.

을유년 처서

조금 전의 어느 날.

◆

통영 동호동의 부잣집에서 태어나 일제
강점기에 호주 선교사가 운영하던 진
명유치원에 다녔다. 호주 선교사의
집과 그 이국적 분위기에 대한 기억
은 김춘수의 '유년시'를 비롯해 작품
곳곳에 등장한다.

어려서부터 총명하였던 김춘수는 유
학을 위해 일본에 머물던 중 우연히 한 서
점에서 릴케의 시집을 만난 후 문화 충격을
받고 문학의 길에 들어섰다. 이후 영미 문학
에 빠져 다양한 책들을 섭렵하고 습작을 하기

도 했다. 일본에서 호기심으로 아르바이트를 하던 중에 무심코 내뱉은 일본에 대한 험담이 문제가 되어 불경죄로 구금되었다가 고국으로 돌아온다.

해방 후 찾은 고향 통영에서 청마 유치환을 만나 통영문화협회의 총무로 일하며 함께 문화 운동을 펼쳤다. 청마는 일찍이 후배 김춘수를 눈여겨보았다가 그가 문단에 발을 들여놓는 데 도움을 주었다고 한다. 김춘수의 시 '꽃'은 오늘날에도 우리나라 사람들이 가장 좋아하는 시로 손꼽힌다. 통영 해저터널 근처 해평동에 김춘수 유품전시관이 있다.

박경리

1926-2008

대표작 〈토지〉, 〈김약국의 딸들〉 등

통영은 다도해 부근에 있는 조촐한 어항이다. 부산과 여수 사이를 내왕하는 항로의 중간 지점으로서 그 고장의 젊은이들은 '조선의 나폴리'라 한다. 그러니만큼 바다빛은 맑고 푸르다. (……)

서문 밖에는 안뒤산의 한 줄기인 뒷당산이 있는데, 그 뒷당산 우거진 대숲 앞에 충무공을 모신 사당 충렬사가 자리잡고 있다. 이 일대는 이곳의 성지라 할 만한 지역이다. 충렬사에 이르는 길 양켠에는 아름드리 동백나무가 줄을 지어 서 있고, 아지랭이가 감도는 봄날 핏빛 같은 꽃을 피운다. 그 길 연변에 명정골 우물이 부부처럼 두 개가 나란히 있었다. 음력 이월 풍신제를 올릴 무렵이면 고을 안의 젊은 각시, 처녀들이 정화수를 길어내느라고 밤이 지새도록 지분 내음을 풍기며 득실거린다. 뒷당산과 마주 보는 곳이 안산이다. 안산을 넘어가면 작은개, 큰개, 우룩개가 있어 봄이면 멸치떼가 시뻘겋게 몰려든다.

박경리 〈김약국의 딸들〉 중

본명은 박금이. 삯바느질을 하던 어머니와 함께 충렬사 앞 명정동 일대에서 유년을 보냈다. 한국전쟁 중에 남편을 잃고 딸과 함께 고향으로 돌아와 항남동에서 수예점을 운영하였다. 꽃다운 나이였던 그는 당시 통영 충렬학교의 한 총각 선생님과 재혼하였는데, 이 결혼 생활은 세간의 눈총으로 오래가지 못했고, 얼마 후 고향을 떠나 오랫동안 돌아오지 않았다. 딸 김영주는 훗날 김지하 시인과 결혼하였다. 다시 고향 땅을 밟은 것은 2004년 11월 5일, 오십여 년의 세월이 흐른 뒤였다. 오랜 세월 통영을 떠나 있었지만, 고향에 대한 박경리의 추억과 그리움은 〈토지〉, 〈파시〉 등의 소설 속에 끊임없이 나타난다. 특히 〈김약국의 딸들〉은 작가가 나고 자란 공간을 배경으로 생생하게 고향에 대한 기억을 그려내고 있다. 〈김약국의 딸들〉은 1963년 흑백영화로 제작되었는데, 소설의 배경인 통영에서 촬영을 하였다.

원주 토지문화관에서 여생을 보내다가 2008년 화사한 봄날에 눈을 감은 박경리는 고향 땅 통영의 양지바른 곳에 잠들었다. 산양읍에 묘소와 박경리기념관이 있다.

두 번째 길 - 文學之道

정운 이영도

1916-1976

대표작 '모란', '황혼에 서서', '아지랑이'

모란

여미어 도사릴수록 그리움은 아득하고
가슴 열면 고여 닿는 겹겹이 먼 하늘
바람만 봄이 겨웁네 옷자락을 흩는다.

◆

시조시인 이호우의 여동생이자 그 자신도 시조시인이었던 이영
도는 스물한 살에 결혼해 대구에서 살다가 남편이 폐결핵을 앓
자 요양 삼아 언니가 사는, 기후 좋고 먹거리가 풍부한 통영으로
거처를 옮겼다. 그러나 남편은 광복 직전, 통영에 내려온 지 일년
남짓 만에 세상을 뜨고 말았다. 남편을 잃고 딸과 둘만 남겨진
이영도는 통영에 남아 수예점을 하던 언니의 일을 도우며 지내
다 이듬해 통영공립고등여학교(훗날 통영여중)에서 가사교사로 교
편을 잡았는데 이곳에서 유치환과의 운명적 만남이 이루어졌

122

다. 이영도는 당시에도 드물
게 곱게 한복을 입고 쪽진 머
리를 한 말수 없는 여인이었다
고 한다. 시에도 조용하고 섬세
한 성격이 투영되어 한국적인 정
서를 미려하고 감각적인 언어로
그려내고 있다.

청마와 이영도는 서로 편지와 시를
주고받으며 오랫동안 영혼의 교류를
이어나갔다. 1967년 갑작스러운 교통사고로
유치환이 사망하자 이영도는 청마의 편지 일부
를 엮어 서간집 〈사랑하였으므로 행복하였네라〉를
출간했다.

정지용

1902-1950

대표작 '향수', '호수', '유리창' 등

통영과 한산도 일대의 풍경 자연미를 나는 문필로 묘사할 능력이 없다. 더욱이 한산섬을 중심으로 하여 한려수도 일대의 충무공 대소 전첩기를 이제 새삼스럽게 내가 기록해야 할만치 문헌이 부족한 것도 아니다. 우리가 미륵도 미륵산 상봉에 올라 한려수도 일대를 부감할 때 특별히 통영포구와 한산도 일폭의 천연미를 다시 잊을 수 없는 것이라 단언할 뿐이다.

(……)

위로 보릿빛 아래로 물빛 아울리기 이야말로 금수강산 중에도 모란꽃 한 송이다. 햇빛 바르기 눈이 부시고 공기가 향기롭기 모세관마다 스미어든다. 사람도 온량하고 근검하고 사치 없이 한갈로 희고 깨끗하다. 날품파리 지겟군도 기운 무명옷이 희다. 유자와 아열대식물들이 길 옆과 골목 안에서 자란다. 큰 부자 큰 가난이 없이 부즈런히 산다. 부산 마산 사이에 특이한 전통과 현상을 잃지 않는 어항도시다.

정지용 '통영5' 중

충북 옥천 한 농가에서 태어난 정지용은 서울에서 공부한 후 장학생으로 일본 유학을 가 영문학을 전공했다. 일본에서 돌아와 그가 수학했던 휘문고등보통학교에서 영어교사로 지내며 이상, 박태원, 이태준, 김기림 등과 함께 모더니즘 동인 '구인회' 등에서 활동하고, 문예지 〈문장〉의 추천위원으로 박목월, 조지훈, 박두진 등의 청록파 시인을 발굴하였다. 해방 후에는 경향신문 편집국장, 이화여대 교수를 지내기도 했다. 동양적 정서를 감각적이고 선명한 이미지, 간결하면서도 상징성 깊은 언어로 표현하며 한국시의 지평을 넓혔으며, 시인들이 사랑하는 시를 쓰는 작가이기도 하다. 우리말을 깊이 이해하고 섬세하게 사용하며 눈앞에 그려내듯이 풀어내는 감각적인 시인이다. 한국전쟁 중 행적이 묘연해져 한때 월북시인으로 분류되었으나 1950년에 서울에서 사망한 것으로 확인되었다.

정지용은 1950년 봄에 서정주 등과 함께 부산, 진주, 통영 등을 여행하며 글을 썼는데 이때 유치환의 안내를 받아 제승당, 충렬사, 미륵산 등 통영 곳곳을 돌아본 뒤 그 감상을 연작 기행문으로 남겼다. 미륵산 정상에 정지용의 문학비가 자리하고 있다.

백석

1912-1996
대표작 '나와 나타샤와 흰 당나귀',
'통영', '북방에서' 등

명정골은 산을 넘어
동백나무 푸르른 감로 같은 물이 솟는
명점샘이 있는 마을인데
샘터엔 오구작작 물을 긷는 처녀며
새악시들 가운데
내가 좋아하는 그이가 있을 것만 같고

백석 '통영2' 중

◆

본명은 백기행으로 평안북도 정주에서 태어났다. 김소월, 이중
섭 등이 나온 오산고보를 졸업한 그는 집안 형편으로 진학하지
못하고 집에서 책을 읽으며 지내다가 조선일보의 장학생으로
뽑혀 일본으로 유학을 가서 영문학을 공부했다. 이후 조선일보
에서 일하며 그동안 쓴 시를 모아 첫 시집 〈사슴〉을 펴냈는데 이
시집이 문단에서 큰 주목을 받았다.

백석은 여행을 다니며 그 지방의 음식, 문화, 풍광 등을 토속적인 언어로 풀어내는 기행시를 다수 썼는데 특히 통영 연작시는 백석의 남다른 통영 나들이 사연을 짐작케 한다. 조선일보 편집국 재직 시절인 1935년, 백석은 친구의 혼인 축하 자리에서 우연히 만난 통영 처녀 '난(박경련)'에게 첫눈에 반해 이듬해까지 여러 차례 통영을 방문하고 집안에 혼인의 뜻을 전했다. 그런데 백석에 대해 알아보려고 박경련의 외숙부가 백석의 친구이자 직장 동료였던 신현중에게 묻는 과정에서 백석과의 결혼은 틀어지고 박경련은 신현중과 이어진다.

시인 백석의 서글픈 사랑은 충렬사 건너편 쌈지공원에 시비로 남아 있다. '통영2'는 박경련이 개학을 앞두고 서둘러 서울로 가버린 사실을 모른 채 통영을 방문한 백석이 난과 길이 엇갈려 만나지 못하자 그의 집 근처 충렬사 앞 계단에 주저 앉아 서성이다 쓴 시다.

박경리 길

박경리 작가는 통영 사람에게는 "예술의 DNA"가 흐른다고
말했습니다. 아름다운 자연은 물론 통제영 때부터 축적된
오랜 역사와 문화가 지역 곳곳에 영향을 미쳤기 때문입니다.
고향 땅의 영향력을 증명이라도 하듯, 작가의 작품 곳곳에서
통영의 풍경과 문화, 역사를 엿볼 수 있습니다.
옛 선착장이었던 문화마당부터 활기 넘치는 서호시장까지
쭉 이어지는 길을 걷다 보면, 박경리의 소설 속에 등장한
장소들은 물론 작가가 작품의 영감을 얻은 유년의 공간들을
확인할 수 있습니다.

①문화마당 – ②세병관 – ③충무고등공민학교(옛
통영여중) – ④간창골 새미 – ⑤서문고개 – ⑥박경리 생가
– ⑦서포루 – ⑧하동집 – ⑨정당새미 – ⑩통영 충렬사 –
⑪새터(서호시장)
소요시간: 2시간~2시간 30분

두 번째 길 - 文學之道

① 문화마당

(병선마당, 통영항,
강구안, 윤선머리)

바닷가 도시에서 항구는 많은 것이 시작되는 가장 중요한 공간
입니다. 사람이 들고나는 만남과 이별의 공간이고, 바닷길로 물
건들이 모여들고 퍼져나가는 경제활동의 공간이며, 그와 더불
어 얽히고설킨 이야기가 쌓여 있는 문화의 공간입니다.

박경리 길의 시작점인 문화마당은 통영의 중심지이자 역사, 문
화적으로도 큰 의미를 지니고 있는 곳입니다. 그렇기 때문에 이
곳을 부르는 명칭도 여러 가지입니다. 병선마당, 윤선머리, 강구
안, 문화마당, 통영항 등 참으로 다양합니다. 통제영 시절에는 군
선이 정박하여 병선마당이라 불렀고, 일제강점기에는 부산과
여수를 오가는 배인 화륜선(윤선)이 정박하는 곳이라 해서 윤선
머리라고 불렀습니다.

배가 드나들고 사람이 드나들다 보니 자연스레 항구를 중심으
로 시가지와 시장이 형성되었고, 이윽고 통영 사람들의 생활 중
심지가 되었습니다. 지금처럼 도로가 발달하지 않았던 시절, 통
영에서는 배가 주요 교통수단이었는데 이곳이 통영을 찾는 이

들의 첫 관문이었습니다. 박경리의 소설 〈김약국의 딸들〉 속 용빈이 집에 가기 위해 배에서 내리는 곳이자, 마지막에 고향을 떠나는 장면에도 등장하는 장소입니다.

여객선이 고한다. 멀어져 가는 얼굴들, 가스등, 고함소리, 통영항구에 어둠의 장막이 천천히 내려진다. 갑판 난간에 달맞이꽃처럼 하얀 용혜의 얼굴이 있고, 물기 찬 공기 속에 용빈의 소리 없는 통곡이 있었다. 봄은 멀지 않았는데, 바람은 살을 에일 듯 차다.

박경리 〈김약국의 딸들〉 중

　　　　　　두 번째 길 - 文學之道

인간의 욕망과 비극적 운명을 그려낸
박경리의 대표작 〈김약국의 딸들〉

'박경리 길'은 소설 〈김약국의 딸들〉의 배경이 된 장소들을 두루
아우르고 있다. 작품을 먼저 읽고 길을 걸으면 그 재미가 더 커질
것이다. 〈김약국의 딸들〉은 통영 출신의 작가 박경리가 일제강점기
통영 일대를 배경으로 쓴 소설로 1962년 출간되었다. 격변하는 시대
속에 김약국을 중심으로 한 다양한 인물 군상과 그들의 얽히고설킨
욕망, 시대의 무게에 짓눌린 여성들이 맞닥뜨린 비극적 운명 등을
숨막힐 정도로 생생하게 풀어내며 한국 현대문학사에서 중요한
작품으로 평가 받고 있다. 이후 영화와 드라마로도 제작되어 인기를
끌었다.

"통영은 다도해 부근에 있는 조촐한 어항이다. 부산과 여수 사이를
내왕하는 항로의 중간 지점으로서 그 고장의 젊은이들은 '조선의
나폴리'라 한다. 그러니만큼 바다 빛은 맑고 푸르다. 대부분의
남자들이 바다에 나가서 생선 배나 찔러먹고 사는 이 고장의
조야하고 거친 풍토 속에서 그처럼 섬세하고 탐미적인 수공업(갓,

소반, 경대, 문갑, 두석장, 나전칠기 등)이 발달한 것은 이상한 일이다. 바다 빛이 고운 탓이었는지 모른다."

소설은 통영에 대한 묘사로 시작한다. 통영에서 상당한 부를 축적한 점잖은 성품의 김약국 주인 김봉제는 충동적인 성격의 동생이 벌인 일련의 사건들로 인하여 동생의 아들 성수를 키우게 된다. 김봉제에게는 결핵을 앓고 있는 딸이 있었는데 병으로 마땅한 혼처를 찾지 못하는 상황에서 몰락한 양반가의 강택진이 김약국의 재산을 노리고 결혼한다. 그러던 중 불행한 사고로 김봉제가 갑작스레 사망하자 재산의 상당수가 사위에게 넘어가고, 김성수는 김약국을 이어받았으나 사업에 손을 잘못 대었다가 실패하여 가산이 기울어 간다.
김약국(김성수)과 그의 아내 한실댁 사이에는 다섯 명의 딸 용숙, 용빈, 용란, 용옥, 용혜가 있었는데 그들의 삶에 불어닥친 풍파는 이야기를 비극의 절정으로 몰아간다. 첫째 딸 용숙은 결혼 후 얼마 지나지 않아 과부가 되는데 아들을 치료하는 의사와 정을 통했다가 아이를 가져 살해했다는 혐의를 받는다. 둘째 딸 용빈은 영민함이 남달라 서울에서 공부를 하고 돌아와 교원이 되지만 믿었던 애인의

배신으로 쓰라린 상처를 경험한다. 딸들 중 가장 아름다웠던 말괄량이 셋째 용란은 집안의 머슴과 사랑을 나누었다는 사실 때문에 어쩔 수 없이 아편중독자와 결혼하는데, 몰래 머슴과 다시 만나다 들켜 남편의 손에 어머니 한실댁과 머슴이 죽는 비극을 맞닥뜨린 후 실성한다. 넷째 용옥은 심성이 곱고 손끝이 야문 여인이었으나 애정 없는 남편과 떨어져 지내며 시아버지와 시동생을 돌보다 시아버지에게 겁탈을 당할 뻔하고 남편을 찾기 위해 배를 탔다가 사고로 죽고 만다. 막내 용혜는 실성한 언니 용란과 위암 선고를 받은 아버지의 병수발을 들며 지냈으나 아버지 김성수도 끝내 병상에서 죽고 만다. 한 집안을 산산이 부숴놓은 잔인한 운명의 소용돌이는 결국 둘째 용빈이 막내 동생 용혜를 데리고 통영을 떠나는 것으로 마무리 된다. 용빈은 공부를 마치고 서울에서 돌아올 때 반가운 마음으로 발 디뎠던 통영항에서 '살을 에일 듯한' 바람을 맞으며 '소리 없는 통곡'을 품은 채 배에 몸을 싣는다. 소설의 배경인 일제강점기는 수탈과 억압으로 얼룩진 격변의 시대, 그 당시 우리 민족 역시 베이고 긁힌 상처를 고스란히 안은 채 아직은 차갑고 어두운 공기를 뚫고 가야 했다. 작가는 김약국의 비극적 몰락 후

용빈과 용혜가 고향을 등지고 떠나는 마지막 단락에 '출발'이라는 의미심장한 제목을 달았다. 한없이 잔인하고 부조리한 한 시대를 뒤로 하고 가는 길, 아직 서늘하지만 그래도 봄이 멀지 않다는 다독임은 아닐까.

❷ 세병관

박경리 작가는 이십 대에 통영을 떠나 일흔을 훌쩍 넘어 오십여 년 만에 고향 땅을 찾았는데 그 사이 통영이 너무 변해 버려 어릴 적 모습을 찾을 수 없었습니다. 살았던 집도 골목도 옛 모습을 떠올릴 수가 없었는데, 이곳 세병관에 와서 세병관 기둥을 붙잡고는 눈물을 흘리셨습니다. 옛날 모습 그대로의 기둥을 보고 "여기에 와서야 비로소 내가 고향에 돌아왔구나" 이런 말씀을 하셨답니다.

통영 사람에게는 세병관이 고향입니다. 누가 통영 여행을 온다고 하면 세병관에 꼭 들르라고 합니다. 세병관을 보지 않고 갔다면 통영을 보지 않은 것이라 말합니다. 일제강점기 때에는 세병관을 소학교(통영제일공립보통학교)로 사용했습니다. 유치환, 박경리, 김춘수, 김용익, 김상옥, 전혁림, 윤이상 등 통영을 대표하는 예술가들이 이곳에서 공부했습니다. 박경리는 1941년에 25기로 학교를 졸업했습니다. 세병관에서는 통영의 풍광이, 사람 사는 모습이, 멀리 통영의 바다가 한눈에 보입니다. 남다른 감수성

을 지녔던 예술가들이 매일 같이 세병관에 등교하며 아름다운
바다와 병선마당을 내려다보고 아름답고 웅장한 세병관에서
통제영의 역사와 문화를 피부 깊이 느끼며 품었던 생각이 그들
의 작품 세계에 많은 영향을 주었을 것입니다.

홍섭이 먼저 발을 떼어놓았다. 그리고 엉성하게 엮어둔 철망을
건너 교정으로 들어간다. 용빈도 뒤따랐다. 그들은 세병관─세병
관은 소학교 교사의 일부분으로 사용되고 있었다─돌축대 위에
나란히 걸터앉았다.

박경리 〈김약국의 딸들〉 중

　　　　　　　　두 번째 길 - 文學之道

두 번째 길 - 文學之道

박경리 길

❸ 충무고등공민학교(옛 통영여중)

통제영에서 나와 작은 골목으로 들어가면 옛날 그대로의 모습을 간직한 흙담길이 나옵니다. 조선시대에 쌓은 담의 원형이 그대로 남아 있는 것인데, 옛날에는 이 길이 학교 가는 길이었습니다. 지금부터 걸어가는 골목골목이 모두 박경리가 유년시절 뛰어 놀고, 학교로 가던 길이고 〈김약국의 딸들〉의 배경이 되는 곳입니다.

길을 따라 조금만 걸으면 1920년대에 지은 붉은 벽돌 건물이 나옵니다. 이곳이 바로 민족계몽운동을 벌였던 통영청년단회관이자, 통영공립고등여학교로 사용된 건물입니다. 3.1 독립운동 후 결성한 통영청년단이 문화 운동, 교육사업, 계몽운동 등을 펼치며 회관의 필요성을 느껴 지역 유지들의 기부와 모금으로 건물을 올렸는데 일제의 방해로 완공까지 적지 않은 시간이 걸렸다고 합니다. 벽돌이 흔하지 않던 시대였기 때문에 통영 사람들 모두가 '빨간 벽돌집'이라고 불렀습니다. 당시 벽돌집은 바로 이곳과 호주 선교사의 집 둘뿐이었다고 합니다.

이곳은 1946년에 6년제 통영공립고등여학교로 개편되었다가, 1951년 통영여자중학교와 통영여자고등학교로 분리되며 통영 여중이 남았습니다. 여러 문인이 이 통영여중에서 교편을 잡았 습니다. 근현대사적으로 역사와 의미가 있는 건물이기에 근대기 념관으로 지정할 수도 있었지만, 교육기관으로 계속 이어져 온 역사에 따라 현재는 충무고등공민학교로 사용하고 있습니다.

두 번째 길 - 文學之道

④ 간창골 새미

각 지역의 지명에는 그곳에 살아온 사람들의 삶과 역사가 담겨 있습니다. 통제영 바로 옆에 자리잡은 간창골은 관청이 많은 동네, 즉 관청골이었는데 통영 사람들이 발음이 잘 안되어서 간창골이라 불렀습니다. 간창골에는 관아의 흔적이 아직도 곳곳에 남아 있습니다. 그 시대 가정집들은 보통 일렬로 집을 짓지 않는데, 이곳은 관아의 건물 흔적과 그 질서가 남아 있어 집들이 한 줄로 쭉쭉 나아가는 모습을 볼 수 있습니다.

간창골은 소설 속 김약국의 큰아버지인 김봉제가 약국을 하던 곳으로, 당시 부유한 이들이 살았습니다. 간창골 새미의 '새미'는 통영 사람들이 샘(우물)을 이르는 방언입니다. 간창골 새미는 아침, 저녁으로 물 긷는 아낙들로 발 디딜 틈이 없었습니다. 자연스레 마을의 소식들이 오가고 소문이 만들어지는 진원지이기도 했습니다.

간창골 골목길을 따라 가파른 오르막길을 오르면 그 끝에서 박경리 친필 원고를 담은 작은 비석을 볼 수 있습니다. 그 공간과

관련된 구절을 그대로 옮겨두었는데, 박경리는 소설에서 간창골을 이렇게 묘사합니다.

동헌에서 서쪽을 나가면 안뒤산 기슭으로부터 그 아래 일대는 간창골이란 마을이다. 간창골 건너편에는 한량들이 노는 활터가 있고 이월 풍신제를 올리는 뚝지가 있다. 그러니까 안뒤산과 뚝지 사이의 계곡이 간창골인 셈이다. 뒷 당산 우거진 대숲 안에 충무공을 모신 사당 충렬사가 자리잡고 있다. 이 일대는 이곳의 성지라 할 만한 지역이다. 충렬사에 이르는 길 양켠에는 아름드리 동백이 줄지어 서 있고 아지랑이가 감도는 봄날 핏빛 같은 꽃을 피운다.

박경리 〈김약국의 딸들〉 중

❺ 서문고개

서문고개를 오르면 박경리의 흔적을 더욱 많이 찾을 수 있습니다. 서문고개는 통영성을 둘러싼 사대문 중 서문이 있던 고개로, 서문 안쪽으로는 간창골, 서문 밖은 명정골로 이어집니다. 〈김약국의 딸들〉의 주요 배경인 서문고개와 명정골, 간창골 일대는 실제로 저자가 유년을 보낸 공간이기도 합니다. 그래서 소설 속 배경들이 더욱 생생하게 표현되었습니다. 소설 속 한실댁이 아편쟁이 남편에게서 도망 온 용란의 손을 잡아 끌며 깊은 한숨으로 넘어가던 바로 그 고개가 서문고개입니다. 용란이 살던 명정골은 백석이 사랑한 여인 박경련의 집이 있던 곳이기도 합니다. 백석은 자신의 시 '통영'에서 이곳을 '산 넘어 동백나무 푸르른 감로 같은 물이 솟는 명정샘이 있는 마을'이라고 표현했습니다.

6 박경리 생가

서문고개를 오르다보면 작가의 생가가 있습니다. 사실 이곳이 박경리가 태어난 생가인지 확실하지는 않습니다. 오십 년이라는 세월이 흐른 뒤 통영을 방문한 데다 달라진 동네 풍경, 골목길에 이곳이 생가인지 확신하지 못했다고 합니다. 다만 호적에 있는 주소로 이곳을 생가로 추정하고 있습니다. 작가는 태어난 생가와 멀지 않은, 한동네 가까운 곳으로 이사하여 어린 시절을 보냈습니다. 어머니는 삯바느질을 하며 딸을 키워냈는데, 동네 큰 부잣집 중 하동집의 바느질 일감을 맡아 해서 어린 박경리도 어머니와 함께 하동집에 자주 들락거렸다고 합니다. 하동집은 박경리의 소설 〈토지〉의 최참판댁과 많이 닮아 있습니다. 박경리는 하동에 가보지 않고도 하동을 직접 눈에 본 듯 그려낸 것으로 유명한데, 아마도 하동집과의 인연에서 비롯된 것이라고 봅니다. 길을 조금 더 걸으면 하동집이 나옵니다.

⑦ 서포루

통영성의 서쪽 망루로, 이곳에 오르면 통영 시내가 모두 내려다
보입니다. 최근 복원한 서포루 가는 길에는 통영성 성벽의 흔적
이 제법 남아 있습니다. 성벽은 도로 옆 축대 역할을 하고 있는
데, 이 축대 위가 이전엔 한량들의 활터였다고 합니다. 〈김약국
의 딸들〉에서 김약국의 친부인 봉룡이 활을 쏘러 갔던 곳도 이
곳으로 추정합니다. 가는 길 오른쪽으로 보이는 대밭이 김약국
의 첫째 딸 용숙이가 살았던 대밭골입니다. 서포루 오르는 길
담장에는 박경리 선생님이 남긴 글을 곳곳에 써두어 걷는 재미
가 있습니다. 서포루 아래 마을은 서피랑으로 박경리 생가가 있
고 소설 〈김약국의 딸들〉의 배경이며 통영시에서 '윤이상 학교
가는 길'을 발굴해 꾸며두었습니다. 벽화와 조형물로 골목을 걷
는 동안 많은 이야기를 만날 수 있는 흥미로운 동네입니다.

149

두 번째 길 - 文學之道

❽ 하동집

하동집을 찾아가는 서피랑 마을 곳곳에서 박경리의 시, 그리고 나비 그림을 볼 수 있습니다. 작가는 〈토지〉의 후속작으로 〈나비야 청산 가자〉를 연재했으나 건강 악화로 결국 완성하지 못했다고 합니다. 미완의 작품이기는 하지만 작가의 예술혼을 담은 마지막 작품이기에 이를 기리며 골목을 꾸몄습니다. 나비를 따라 길을 걷고 있으면 이윽고 하동집이 나옵니다. 하동집은 〈김약국의 딸들〉의 배경으로 알려져 있습니다. 하동집은 예부터 통영의 이름난 부잣집으로 네 채의 기와집을 가지고 있었다고 합니다. 옛날에는 관청보다 크게 집을 지을 수 없어 여러 채로 나누어 지은 것입니다. 현재는 한옥스테이를 운영 중입니다.

과거 통영 문화예술에 대한 생생한 이야기를 기록하고 들려주어 후대에 남겨 준 제옥례 할머니의 구술 기록 중에 하동집에 얽힌 흥미로운 이야기가 있습니다. 돌아가시기 전에 안도현 시인과의 인터뷰를 보면 박경리와 하동집의 인연이 짐작 가능합니다.

03 글이 그린 마을
박경리 문학동네

두 번째 길 - 文學之道

고향으로 돌아온 그녀(제옥례)는 뜻밖에 또 한 번 생의 전환점을 맞이한다. 통영의 한 부잣집에서 중매가 들어온 것이다. '하동집'으로 부르던 박씨 집안의 부인은 슬하에 8남매를 두었는데 죽음을 목전에 두고 새어머니를 물색하고 있었다. 다행히 제옥례가 수녀 아닌 어머니로 살아가는 것을 천주교 쪽에서도 쾌히 동의해주었다. 그리하여 나이 서른에 하동집의 안주인이 되었고, 그 후로 두 자녀를 낳아 10남매를 잘 키웠다.

통영 명정동의 하동집은 박경리의 장편소설 〈김약국의 딸들〉의 배경이 되는 곳으로 알려져 있다. 제옥례 선생은 원주에 살던 박경리 선생을 찾아가 만난 적도 있었다. 그때 열한 살 아래 박경리 선생은 "언니, 언니"라고 부르며 따뜻하게 대접을 했다고 한다.

한옥기와집 4채가 ㅁ자로 짜인 하동집은 광복 직후 건국준비위원회 회의장으로 이용되었는가 하면 작곡가 윤이상, 화가 전혁림, 시인 유치환·김춘수와 같은 당대의 문화예술인들이 수시로 이 집 사랑채로 모여들었다. 김춘수의 동생은 나중에 하동집의 딸 하나와 혼인을 맺기도 했다.

'큰절 올리고 싶은 통영의 어른 제옥례 선생'_안도현, 경향신문, 2015.9.24

통영의 산증인으로 불리던 제옥례 할머니는 2015년 겨울 한 세기를 꽉 채운 생을 마감하셨습니다. 지금은 하동집 중 한 곳을 카페로 운영하고 있습니다. 그 맞은편에는 중요무형문화재인 두석장 김극천 장인이 대를 이어 살고 있는 집이자 공방이 있습니다. 박경리 작가가 생전에 무척 아끼며 늘 곁에 두었다고 하는 물건 중 하나가 통영 나비장인데, 두석장은 백동으로 그 나비장의 나비 모양 장식, 경첩 등을 만드는 장인입니다.

⑨ 정당새미(명정새미)

식수가 귀한 바닷가 마을에서 우물은 무척 중요한 공간입니다. 통영에는 우물이 많았는데 정당새미에는 일정(日井)과 월정(月井), 두 개의 우물이 있어 일과 월을 합쳐 명정(明井)새미라고도 부릅니다. 해와 달, 남자와 여자, 음양의 조화를 의미하는 것으로 이 우물의 이름을 따 명정동이라는 마을 이름도 지어졌습니다. 정당새미라는 이름은 충렬사 제를 지낼 때 이 샘물을 사용해서 붙여진 이름입니다. 통제사가 충렬사를 세운 후 우물을 만들도록 했다는 기록도 남아 있습니다. 바로 앞에 위치한 빨래터

는 예부터 아낙들이 모여드는 공간으로, 마을 안팎 소문의 진원지였습니다.

충렬사에 이르는 길 양켠에는 아름드리 동백나무가 줄을 지어 서 있고 아지랑이가 감도는 봄날 핏빛 같은 꽃을 피운다. 그 길 연변에 명정골 우물이 부부처럼 두 개가 나란히 있었다. 음력 이월 풍신제를 올릴 무렵이면 고을 안의 젊은 각시, 처녀들이 정화수를 길러내느라고 밤이 지새도록 지분 내음을 풍기며 득실거린다.

박경리〈김약국의 딸들〉중

⑩ 통영 충렬사

정당새미에서 길을 건너면 충렬사가 있습니다. 통영에는 이러한 이순신 사당이 세 군데 있습니다. 노량해전 이후 일 년 만에 민초들의 힘으로 세운 착량묘, 한산도 제승당의 충무사, 통영 명정동의 충렬사입니다. 그중에서도 충렬사는 왕명으로 세운 이순신의 사당으로, 예전에는 통제사가, 오늘날에는 통영 시민들이 충무공을 기리며 봄과 가을에 향사를 지내고 있습니다. 〈김약국의 딸들〉에서 용란이 자신을 겁탈하려는 시아버지를 피해 도망친 곳이 바로 이 충렬사 동백나무 밑입니다. 통영

에는 예부터 동백나무가 많았습니다. 특히 충렬사의 동백은 지금 도로였던 곳까지 줄지어 있어 보기 드문 절경이었습니다. 충렬사에는 한 문인에 얽힌 절절한 사랑 이야기가 있습니다. 바로 백석이 한눈에 반해 잊지 못하고 연거푸 통영을 찾게 만든 여인 난, 박경련과의 이야기입니다. 박경련을 찾아 통영에 온 백석 시인이 바로 이 충렬사 '장수 모신 낡은 사당 돌층계에 주저앉아서' 아래의 시를 남겼습니다.

통영2

구마산의 선창에선 좋아하는 사람이 울며 나리는 배에 올라서
오는 물길이 반날
갓 나는 고당은 갓갓기도 하다
바람 맛도 짭짤한 물맛도 짭짤한
전복에 해삼에 도미 가재미의 생선이 좋고
파래에 아개미에 호루기의 젓갈이 좋고

두 번째 길 - 文學之道

새벽녘의 거리엔 쾅쾅 북이 울고

밤새껏 바다에선 뿡뿡 배가 울고

자다가도 일어나 바다로 가고 싶은 곳이다

집집이 아이만한 피도 안 간 대구를 말리는 곳

황화장사 령감이 일본말을 잘도 하는 곳

처녀들은 모두 어장주한테 시집을 가고 싶어한다는 곳

산너머로 가는 길 돌각담에 갸웃하는 처녀는 금이라는 이 같고

내가 들은 마산 객줏집의 어린 딸은 난이라는 이 같고

난이라는 이는 명정골에 산다든데

명정골은 산을 넘어 동백나무 푸르른 감로 같은 물이 솟는 명정샘이
있는 마을인데

샘터엔 오구작작 물을 긷는 처녀며 새악시들 가운데 내가 좋아하는
그이가 있을 것만 같고

내가 좋아하는 그이는 푸른 가지 붉게붉게 동백꽃 피는 철엔 타관
시집을 갈 것만 같은데

긴 토시 끼고 큰머리 얹고 오불고불 넘엣거리로

가는 여인은 평안도서 오신 듯한데

동백꽃 피는 철이 그 언제요

녯장수 모신 낡은 사당의 돌층계에 주저앉어서 나는 이 저녁 울 듯
울 듯

한산도 바다에 뱃사공이 되어가며

녕 낮은 집 담 낮은 집 마당만 높은 집에서 열나흘 달을 업고

손방아만 찧는 내 사람을 생각한다.

두 번째 길 - 文學之道

⑪ 새터(서호시장)

일제강점기 때 바다를 매립한 지역으로, 새로 터를 마련했다고 하여 새터라고 불렀습니다. 미륵도에서 넘어오는 사람들을 비롯하여 동쪽과 서쪽 마을에서 사람들이 모이는 곳이라 자연스레 장이 생겼습니다. 아침에 열리던 시장이라 아적재자라고 불렸는데 더 매립하며 지금의 서호시장이 만들어졌습니다. 서호시장은 제철 생선과 채소를 가장 먼저 만날 수 있는 새벽시장입니다. 어린 박경리는 등교할 때는 서문고개로, 하교할 때는 친구 집에 놀다가 이곳으로 다녔다고 합니다.

새터(산을 무너뜨려 바다를 메워서 물러낸 장소) 아침 장은 언제나 활기가 왕성한 곳이다. 무더기로 쏟아 놓은 갓 잡은 생선이 파닥거리는 것처럼 싱싱하고 향기롭다. 삶의 의욕이 넘치는 규환(叫喚) 속에 옥색 안개 서린 아침, 휴식을 거친 신선한 얼굴들이 흘러간다.

박경리 〈김약국의 딸들〉중

소설가 김용익은 미국에서 외로이 살면서 주옥 같은 단편을 쓴 힘의 원천이 통영 볼락구이였다고 말했습니다. 백석 역시 시 '통영2'에서 통영의 풍부한 해산물에 감탄했습니다. 생명력 넘치는 시장의 풍경과 신선하고 풍성한 먹거리, 통제영을 중심으로 이어져온 솜씨 있는 음식 문화도 통영을 예술의 도시로 만든 하나의 밑거름이 되었을 것입니다.

고향 땅으로 돌아와
꿈에 그리던 바다를 바라보고 있는
박경리 기념관과 묘소

박경리 기념관과 묘소는 시내와 멀리 떨어진 미륵도 산양읍에
위치하고 있다. 박경리 기념관은 지하 1층과 지상 1층으로 이루어져
있는데 지하 1층에는 운영사무실과 다목적홀이 있고, 지상 1층은
박경리 선생의 유품과 작품들을 전시하고 영상을 볼 수 있는
전시관으로 꾸몄다. 기념관 주변은 박경리 선생이 생전에 즐긴 취미를
살려 채소밭과 정원, 장독대 등으로 가꾸었고 기념관 뒤편으로는
박경리 선생의 시와 글귀를 비석으로 세워둔 공원을 조성했다. 이
공원을 오르다 보면 가장 위쪽에 박경리 선생의 묘소가 통영 바다를
바라보며 자리하고 있다. 실제 박경리 선생이 유년 시절을 보낸
명정골 인근에 묘소를 만들려고 하였으나 공간이 여의치 않았다.
생전에 박경리 선생이 통영을 찾았을 때 지금의 묘소 자리에서
"양지바른 이곳에 집 한 채 짓고 살고 싶다"고 이야기했는데, 이곳의
농장 주인이 기꺼이 기부하여 현재의 위치로 묘소가 정해졌다.

163   두 번째 길 – 文學之道

문학의 길

문화마당에서 시작해 남망산, 세병관, 초정거리를 지나 다시
시작점으로 돌아오는 이 길은 화려했던 통영 르네상스의
추억을 고스란히 담고 있는 구도심 골목골목을 모두 둘러볼
수 있습니다. '박경리 길'과 시작점은 같지만 반대 방향으로
걸으며 통영 구석구석을 엿볼 수 있는 길입니다. 길을 걷다
보면 통영의 무수한 문인과 예술가의 흔적을 볼 수 있으며,
곳곳에서 시원한 바다와 아름다운 통영의 풍경도 만날 수
있습니다.

①문화마당(윤선머리) – ②남망산 조각공원 – ③김춘수 생가
– ④김용식·김용익 기념관 – ⑤세병관 – ⑥충무고등공민학교
(옛 통영여중) – ⑦충무교회(옛 문화유치원) – ⑧청마우체국
– ⑨유치환 흉상 – ⑩초정거리 (항남1번가) – ⑪김상옥 생가 –
⑫김춘수 동상 – ⑬새미집
소요시간: 2시간 30분~3시간

두 번째 길 - 文學之道

❶ 문화마당

길이 시작되는 문화마당은 수많은 이야기가 내재된 통영의 정
체성입니다. 통제영의 판옥선과 거북선 등 군선이 정박하는 곳
이자 어부들이 만선을 꿈꾸며 육지를 떠나는 장소이고 각지에
서 몰려든 장배가 어우러지던 곳이며 고향 떠난 조선 수군들이
시름을 달래던 곳입니다. 이곳은 일제강점기부터 여객선터미널
이 위치한 곳이었기에 자연스럽게 주변에 여인숙과 선술집이 들
어서는 등 번화하였습니다. 육로 교통이 발달하지 않았던 시절
에는 대개 이곳에서 배를 타고 부산이나 마산, 또는 여수를 오
갔습니다. 이곳은 꿈을 이루기 위해 떠나는 공간이고 꿈을 이루
고 고향으로 귀향하는 공간입니다. 청마 유치환이 그렇게 떠났
다 돌아왔고, 김용익이 밤배를 타고 귀향했습니다. 한눈에 반한
통영 처녀 박경련을 만나러 온 백석이, 고향을 그리워했으나 영
원히 돌아오지 못한 윤이상이 그러했습니다. 통영을 사랑한 예
술가들의 정서에는 이곳, 통영항이 흐르고 있습니다.

잠시 통영에 정박한 여객선의 배고픈 선객들을 위해 김밥을 만들어 팔던 통영의 행상들은 더운 날씨에 김밥이 상하자, 밥과 반찬을 따로 나누어 팔았습니다. 이것이 충무김밥의 시작입니다. 문화마당에 서면 남망산과 동포루가 훤히 보입니다. 현재 충무김밥집이 들어선 뒷골목은 예부터 통영 사람들이 술잔을 기울이던 구시가지입니다. 최근 강구안 골목 사업으로 구시가지를 재정비하였는데 프리마켓이 열리는 등 볼거리가 늘고 있습니다.

② 남망산 조각공원

통영항이 한눈에 내려다보이는 남망산은 통영에 머물던 예술가와 문인들이 오르내리며 그림도 그리고 시도 쓰고 소설도 구상하던 곳입니다. 화가 전혁림과 이중섭 등이 이곳에서 바라본 풍경을 그림으로 남겼습니다. 중앙시장과 통영항에서 조금만 걸어 이곳에 올라서면 방금 지나쳐온 분주한 삶이 그저 한 폭의 그림처럼 느껴집니다. 해질녘에 불이 하나 둘 켜지기 시작할 때 내려다보는 풍경도 좋습니다.

남망산 조각공원을 천천히 걷다 보면 통영 예술가들의 흔적은 물론 세계적인 조각가들의 작품도 만날 수 있어 사색하기 좋은 장소입니다. 조각공원 가장 안쪽에는 이우환 작가의 작품 '관계항(꿈꾸는 언덕)'이 있습니다. 커다란 바위 앞에 사각형의 철판이 한 장 놓여있는 이 작품은 자연과 인공의 조화를 표현한 철학적인 작품입니다. 시에서 공원을 조성하며 작품을 구입할 때 농담처럼 "돌 한 덩이에 철판 한 덩이를 뭐 그리 비싼 돈을 주고 사다 놓느냐"는 이야기들이 있었답니다. 그때도 이미 세계적인 작가였지만 그 후 작가의 작품 세계가 더 널리 인정 받으며 작품의 가치가 구입가와는 비교할 수 없게 올라갔다고 합니다. 이 작품이 있는 곳에서 조금만 더 가면 시·서·화에 능했다는 초정 김상옥의 시비가 있습니다. 길 안쪽 아늑한 곳에 살짝 숨어 있어 잘 찾아 보아야 합니다.

공원 한쪽으로 활터 열무정이, 정상에는 이순신 동상이 있습니다. 동상은 1952년도 제작을 시작해서 1953년에 그 자리에 세웠습니다. 그때가 한국전쟁으로 힘들 때인데 통영 시민들은 '이순신 장군의 정신으로 나라를 구해야겠다'며 모금을 해서 동상을 세웠습니다. 1952년은 임진왜란 6주갑이 되던 해였습니다. 동상 밑으로 내려오면 초정이 이십 대에 쓴 '한산도' 시비가 있는데 얼마나 달필인지 알 수 있습니다. 시민문화회관에서 조각공원 정상 방향으로 오르는 길 중간에는 유치환의 '깃발' 시비가, 시민문화회관 옆 주차장 한쪽 구석에는 1963년에 흑백영화〈김약국의 딸들〉을 찍은 곳임을 알리는 촬영지 표석이 있습니다.

가을하늘

허드레 인생
도랑에 물 쏟듯
쏟아버리고

다시 여기 너머로
하염없는
그리운 저 하늘

　두 번째 길 - 文學之道

문학의 길

❸ 김춘수 생가

전망 좋은 남망산 조각공원에서 한숨 돌리고 내려와 큰길을 건너 골목으로 들어서면 김춘수 시인의 생가가 나옵니다. 김춘수 시인은 통영 동호동의 방앗간집 아들로 태어났습니다. 지금 보기에도 집이 들어선 자리가 제법 넓고 분위기도 아늑합니다. 유복한 집안 환경 덕분에 어려서부터 호주 선교사가 운영하는 유치원도 다니고, 서울 유학, 일본 유학도 다녀왔습니다. 자연스레 그런 경험에서 서양 사상을 받아들였는데 이는 김춘수 시 세계의 밑바탕을 이루게 됩니다. 남망산 공원에서 이곳 생가로 내려

오는 길에 '꽃' 시비도 있습니다. 이 시비는 시민들이 모금을 하여 세운 것으로 시인에 대한 통영 사람들의 애정과 자부심이 묻어납니다. '유년시1', '앵오리', '귀향' 등에서 통영에 대한 시인의 추억들을 확인할 수 있습니다. 시인의 생전 유품들을 모아놓은 유품전시관이 미륵도 해저터널 근처에 위치하고 있으니 시인의 삶과 시에 대해 더 궁금하다면 그곳에도 가보시길 권합니다.

우리 고향 통영에서는
잠자리를 앵오리라고 한다.
부채를 부치라고 하고
고추를 고치라고 한다.
우리 고향 통영에서는
통영을 토영이라고 한다.
(……)
우리 외할머니께서
돌아가셨을 때
내 또래 외삼촌이
오매 오매 하고 우는 것을
나는 보았다.

김춘수 '앵오리' 중

❹ 김용식·김용익 기념관

김용식, 김용익 형제의 공통점을 뽑자면, 한국보다 외국에서 더욱 활약한 인물이라는 점입니다. '주전골 막다른 골목 언덕바지 초가'였던 자리에 양옥 주택이 들어서 있었는데, 2011년 이를 개조해 기념관을 열었습니다. 형 김용식은 초대 외무부장관으로, 아우 김용익은 소설가로 이름을 떨쳤습니다.

김용익은 대부분 고향 통영을 배경으로 한 한국의 전통과 당시 사람들이 살아가는 풍속 등을 아름답게 풀어낸 서정성 짙은 소설을 썼습니다. 대표작 '꽃신'은 신발집 딸을 향한 백정 아들의 애틋한 사랑 이야기인데 미국과 유럽 여러 나라의 교과서에도 수록되어 있을 정도로 문학성을 인정받은 작품입니다. 국내에는 오히려 많이 알려지지 않은 작가인데, 통영의 시민 단체에서 계속 이분의 이야기를 발굴하고 추모제 등을 하며 조명하니 유족들이 소유하고 있던 집을 기증하는 것으로 화답하여 기념관을 열었습니다.

"나는 미국, 유럽의 하늘도 보고 산길도 걸었으나 고국 하늘, 고
돌과 풀 사이 쇠똥에 발이 빠졌던 그 골목길이 그리웠다.
나의 이야기는 내 밑바닥에 깔린 고향에 대한 시감(詩感)이 원천이
그것은 바로 나의 노래다."

출처:『꽃신』

두 번째 길 - 文學之道

⑤ 세병관

조선시대부터 일제강점기까지, 통영의 중심은 세병관이었습니다. 일제강점기 때 세병관과 몇 건물을 제외한 통제영 관아들이 모두 부서졌고, 세병관은 기둥 사이사이에 창을 달고 바람을 막아 소학교 교실로 사용했습니다. 지금도 나무 기둥을 잘 살펴보면 창을 달기 위해 홈을 판 흔적을 볼 수 있습니다. 나무 기둥들은 썩은 곳을 잘라 갈아 끼우고 색을 새로 칠한 것 외에는 옛 모습 그대로입니다.

통영을 찾은 박경리 작가가 세병관의 기둥을 보고 눈물지었던 사연뿐만 아니라 세병관에서 학교를 다닌 통영의 수많은 문화 예술인들의 추억에서 이 공간이 얼마나 통영의 역사와 문화를 함축하는 상징적인 곳이었는지를 확인할 수 있습니다.

두 번째 길 - 文學之道

　　　　　　　　　　두 번째 길 - 文學之道

⑥ 충무고등공민학교 (옛 통영여중)

일제강점기에 통영청년단회관으로 사용하다 광복 후 통영고등
여학교가 들어선 건물입니다. 수백 통의 절절한 연서를 주고 받
은 것으로 알려진 시인 유치환과 시조시인 이영도가 이곳에서
만났습니다. 그들 이외에도 김상옥 등 많은 문화예술인들이 이
곳에서 교편을 잡아 학생들을 가르쳤다고 합니다.

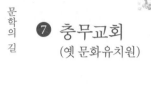

❼ 충무교회
(옛 문화유치원)

일제강점기 때 통영에 온 호주 선교사들은 기독교 전도는 물론 여성과 어린이 교육에 힘썼습니다. 그들이 운영하던 유치원이 있던 자리에 지금은 교회가 자리잡고 있습니다. 호주 선교사들은 신사참배를 거부했다는 이유로 통영에서 떠날 수밖에 없었는데 일본이 패망한 후 남은 적산가옥을 당시 유치환의 아내이자 유치원 보모였던 권재순 여사가 불하 받아 문화유치원을 운영했습니다. 교회 사택 1층은 유치원장 권재순이 원장실로 사용하고, 2층은 청마 유치환의 작업실 겸 통영문화협회의 사무실로 썼다고 합니다. 충무교회 앞에는 선교사들의 이름이 적힌 비석이 있습니다. 선교사들의 이름을 한국식 이름으로 바꾸어 테일러Taylor는 위대인, 와트슨Watson은 왕대선이라 기록한 것이 재미있습니다. 충무교회 부근은 본래 통영성의 남문이 있던 자리로, 통영시에서 복원을 계획하고 있습니다.

⑧ 청마우체국

청마 유치환은 이곳 통영중앙우체국에서 이영도를 향한 사랑을
수천 통의 편지에 담아 부쳤습니다. 우체국 앞에는 빨간 우체통
과 함께 '행복' 시비가 자리하고 있습니다. 우체국 맞은편 동방한
의원 자리에는 녹음다방과 이영도 시인의 언니가 운영하던 수예
점이 있었습니다. 이영도는 언니를 도와 수예점에 있는 날이 많
았는데 청마는 이 우체국 창문 앞에 와서 맞은편 수예점의 이영
도를 바라보며 절절한 마음을 편지에 담았다고 전해집니다.

사랑하는 것은
사랑을 받느니보다 행복하나니라
오늘도 나는 에메랄드빛 하늘이 환히 내다뵈는
우체국 창문 앞에 와서 너에게 편지를 쓴다

유치환 '행복' 중

수예점 옆의 녹음다방은 당시 수많은 통영 문화예술인들이 모이는 아지트였습니다. 그 시대 통영의 다방은 차를 파는 곳만이 아니라 음악인들에게는 공연장, 미술가들에게는 전시장 역할을 한 당대 예술인들의 문화 살롱이었습니다.

9 유치환 흉상

청마우체국부터 세병관으로 올라가는 길목까지를 사람들은
'청마거리'라고 부릅니다. 이 길은 조선시대부터 있던 오래된 길
로 그 시대에는 이 골목이 통영에서 가장 큰 길이었습니다. 우체
국에서 큰 길가로 나오면 버스정류장이 있고, 그 바로 옆에 청마
유치환의 흉상이 있습니다. 시인의 대표 작품 '향수' 시비가 함
께 있어 벤치에 앉아 천천히 시를 음미하기에 좋습니다.

오오 나의 고향은 머언 남쪽 바닷가
반짝이는 물결 아득히 수평에 조을고
창파에 씻친 조약돌 같은 색시의 마음은
갈매기 울음에 수심 저 있나니

유치환 '향수' 중

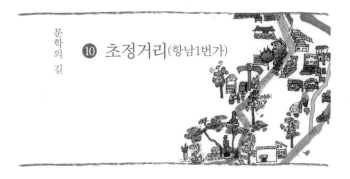

⑩ 초정거리(항남1번가)

초정거리인 항남1번가는 통영의 문화1번지이기도 합니다. 1926 년 근대 최초의 시조 동인지 〈참새〉를 발간했던 이들이 여기 살 았다고 전해집니다. 당시 학생이었던 유치환이 기고를 하고 어 린 김상옥도 이들 곁에서 예술적 영향을 받았다고 합니다. 통영 의 명동이라고도 불리던 이곳은 많은 문화예술인들이 살았던 곳입니다.

일제강점기에는 인쇄소도 상당히 많았다고 합니다. 당시 충렬사 강한루가 무너지는 사고가 있었는데 수리할 기금을 마련하기 위 해 정조가 내린 충무공전서를 여기서 인쇄해서 팔았다는 이야 기가 남아 있습니다. 아버지가 일찍 돌아가셔 형편이 어려웠던 초정도 초등학교를 마치고 인쇄소에 들어가 일을 했습니다.

두 번째 길 - 文學之道

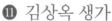

⑪ 김상옥 생가

김상옥이 살던 때 이 거리에는 스무 곳 정도의 갓 공방이 밀집해 있었고, 김상옥의 아버지 역시 갓 장인이었습니다. 섬세한 감각과 안목을 지닌 아버지, 그리고 장인들과 예술인들이 밀집한 동네 환경. 가난한 성장기를 보냈지만 김상옥이 천재성을 발휘할 수 있었던 데에는 이러한 성장배경이 숨어있었던 게 아닐까 짐작해 봅니다. 김상옥은 시와 서예, 그림 모두 능한 천재 예술인이었습니다. 생가 주변 초정거리에는 시인의 작품을 곳곳에 설치해 두었습니다.

⑫ 김춘수 동상

초정거리에서 빠져나오면 도로 옆으로 자그마한 쌈지공원이 보입니다. 통영의 길은 단조로워 버스를 타면 꼭 이 쌈지공원 옆 길을 지나가게 되는데, 그 안에 김춘수 시인의 전신상이 있습니다. 단정한 옷차림에 지팡이를 들고 선 동상을 보고 있으면, 생전 김춘수 시인의 꼿꼿한 모습이 절로 연상됩니다. 그리워했던 바닷가 고향 땅에 돌아와 어린 시절 추억들이 어려 있는 공간을 바라보는 시인의 마음에는 어떤 언어가 파도처럼 일고 있을지 궁금합니다.

"요즘도 나는 화창한 대낮 길을 가다가 문득 어디선가 갈매기 우는 소리를 듣곤 한다. 물론 환청이다. 갈매기의 울음은 고양이의 울음을 닮았다. 바다가 없는 곳에 사는 것은 답답하다. 바다가 보고 싶은데 뜻대로 되지 않는다. 내 고향 바다는 너무나 멀리에 있다. 대구에서 20년이나 살면서 서울에서 10년 넘어 살면서 나는 자주자주 바다를 꿈에서만 보곤 했다. 바다는 나의 생리의 한 부분처럼 되었다. 바다, 특히 통영(내 고향) 앞바다- 한려수도로 트인 그 바다는 내 시의 뉘앙스가 되고 있다고 나는 스스로 생각한다. 그 뉘앙스는 내 시가 그 동안 어떻게 변화해 왔든 그 바닥에 깔린 표정이 되고 있다. 나는 그렇게 혼자서 스스로 생각한다."

김춘수

⑬ 새미집

김춘수 동상 뒤편에 위치한 이곳은 집 안에 우물이 있다 하여 새미집이라 불렀습니다. 한때 통영의 문인과 예술인들이 즐겨 찾으며 술잔을 기울이던 곳이라 전해집니다. 우물은 세월이 지난 지금도 아직 집 안에 남아 있습니다. 냉장고가 없던 시절에는 우물이 냉장고 역할을 했습니다.

강습소 건물 뒤쪽 골목은 술집과 여관, 여인숙 등 윤락가를 이루었던 청루골목입니다. 골목 안쪽으로 조금만 가면 이중섭이 통영에 머물며 나전칠기 기술원 학생들에게 그림을 가르쳤던 나전칠기기술원양성소가 있습니다. 이중섭 역시 새미집에서 자주 벗들과 어울렸다고 합니다.

시인의 언어가 태어난 바닷가 앞,
청마 문학관

문학의 길과는 다소 떨어진 위치에 있다. 통영
이순신공원 옆에 자리 잡은 청마 문학관은
유치환의 문학정신을 보존, 계승, 발전시키기
위한 목적으로 2000년 2월 1,220평의 부지에
문학관과 생가를 복원하여 개관했다. 51평에
달하는 전시관에는 청마의 삶을 조명하는
'청마의 생애' 편과 생명 추구의 시작을 감상하고
작품의 변천, 평가 등을 살펴볼 수 있는 '청마의
작품 세계', 청마가 사용하던 유품들과 청마
관련 평론, 서적 등을 정리한 '청마의 발자취', '시
감상코너' 편으로 구성되어 있으며 청마의 유품
100여 점과 각종 문헌자료 350여 점을 전시하고
있다. 거제와 통영 사이 유치환 출생지 논란이
일기도 했으나 현재 통영시 태평동 522번지를
청마 생가로 공식화한 상태다. 다만 생가 부지
복원에 어려움이 있어 지금의 위치에 생가와
문학관을 함께 개관했다.

세 번째 길

아름다운 바다의 땅에서
태어난 음악과 공연

公演之道

공연

연

지

도

오늘, 통영 바다에는
삶과 예술이 너울거리는
최고의 무대가 펼쳐진다

매년 봄, 통영에서는 통영국제음악제가 펼쳐진다. 세계의 음악가들이 작곡가 윤이상을 기리며 그의 고향 통영을 찾아와 한바탕 음악 축제를 벌인다. 이를 즐기기 위해 곳곳에서 방문하는 이들로 통영 바다는 술렁인다. 그리고 예술을 사랑하는 통영 사람들의 마음도 설렘으로 가득하다. 겨울부터 통영 사람들은 봄에 열릴 통영국제음악제 프로그램을 미리 챙겨보고 예약하며 관람할 공연을 마음에 담아둔다.

조선시대 통제영에서 꽃피운 것은 공예만이 아니다. 연희를 위해 예기를 양성하는 교방청과 악사를 양성하는 취고수청이 있어 고급 공연 문화가 발달했다. 이런 문화는 통제영 안에만 머물지 않고 남해안별신굿, 통영오광대 등 대중 공연 문화에도 영향을 미쳤다. 뿌리 깊은 전통 문화는 시대의 풍파 속에서도 명맥을 이어가며 중요무형문화재 보유자들을 통해 전수되고 지금도 정기적으로 공연을 펼치고 있다.

작은 항구도시 통영에는 근대 공연예술 분야에 있어서도 놀라

운 흔적들이 많다. 일제강점기인 1914년에는 경상남도 최초의
근대식 극장 봉래극장이 들어서 구십 년 동안 자리했는데, 우리
나라에서 가장 오래된 극장인 단성사 개관 시기와 차이가 크지
않다. 영화를 제작하는 영화사도 두 곳이나 있었다. 뱃길을 통
해 근대문물이 빠르게 들어왔고 공연예술에 대한 인식, 그리고
창작과 수요가 남달랐다. 풍부한 전통 문화와 다양한 신문화가
활발하게 교차하며 공존하는 분위기 속에서 자연스럽게 예술
가의 탄생도 이어졌다.

통영 출신의 극작가 유치진은 한국 희곡의 대부라 불릴 만큼 연
극사에 큰 자취를 남겼으며, 이런 연극 정신은 오늘날에도 이어
져 극단 벅수골이 40여 년 동안 끊임없이 새로운 공연을 무대에
올리고 있다. 이들의 공연을 보기 위해 통영 사람들은 시장 한
복판에 자리한 지하 소극장도 마다하지 않고 찾아온다. 세계에
서 가장 뛰어난 20세기 작곡가 중 한 명으로 꼽히는 윤이상은
열세 살에 바이올린과 기타를 배우며 처음으로 곡을 썼다. 그리
고 봉래극장에서 무성영화를 상영하던 막간에 자신의 곡이 연
주되었던 경험에 전율하여 작곡가의 길을 걷기로 마음먹었다.
윤이상은 〈생의 한가운데〉의 작가 루이제 린저와의 대담에서
자신의 음악은 모두 통영에서 출발했다며 이렇게 이야기한다.

아버지는 종종 밤낚시를 하러 바다로 나를 데리고 가셨습니다.
그럴 때면 우리는 아무 말 없이 잠자코 배 위에 앉아 물고기가
헤엄치는 소리나 다른 어부들의 노랫소리에 귀를 기울였습니

세 번째 길 -公演之道

다. 그 노랫소리는 배에서 배로 이어져 갔습니다. 소위 말하는 남도창이라 불리는 침울한 노래인데, 수면이 그 울림을 멀리까지 전해주었습니다. 바다는 공명판 같았고 하늘에는 별이 가득했습니다.

(……)

봄이 되어 논에 물을 댈 때면 개구리 천지입니다. 매일 밤 개구리 소리가 정말 시끄러웠는데 그게 나에게는 우는 소리가 아니라 예술적으로 구성된 혼성합창처럼 들렸습니다. 한 마리가 울기 시작하면 다른 소리가 거기에 맞춰 화답하고 세 마리째가 가세하면 갑자기 고음, 중음, 저음의 합창이 일제히 시작되고 또 갑자기 모두 침묵합니다. 간격을 두고는 다시 독창이 시작되고 다른 소리가 거기에 화답하고 그리고 다시 합창이 되지요. 밤이 새도록 말입니다. 낮에는 여자들이 밭에서 노래를 부릅니다. 여자들은 오래된 민요를 부르는데 어머니도 같이 노래를 부릅니다. 어머니의 목소리는 아름다웠습니다.

루이제 린저 〈윤이상 상처 입은 용〉 중

시대의 풍파에 휩쓸렸던 윤이상은 그리운 고향 땅을 밟지 못하고 베를린에서 생을 마감했지만 그의 음악 정신은 통영국제음악제로 되살아나 통영의 봄 바다를 음악으로 채운다. 세계적인 음악가들이 기꺼이 찾아오는 통영국제음악제의 객석은 언제나 만석이다.

통영에는 사계절 내내 생동감 넘치는 공연예술의 현장이 펼쳐진다. 작곡가와 전통무용가, 연기자들은 통영의 파도 소리, 바다, 사람들에게서 받은 영감을 기반으로 저마다의 이야기를 만들어왔다. 우리가 지금 평범하게 걸어가는 길, 무심코 바라보는 풍경 하나하나가 예술가들에게는 작품을 창작하는 영감의 원천이었다. 통영을 무대로 그들이 완성한 작품에는 우리의 과거, 현재의 이야기가 생생하게 담겨 있다. 공연은 무대와 관객이 호흡하는 지금, 바로 여기에서 완성되는 예술이자 관객 역시 작품의 일부가 되는 독특한 장르다. 통영을 찾는다면 사시사철 열리는 공연예술의 현장에 함께하며 스스로 '오늘의 작품'이 되는 경험을 해보기를, 그리고 예술가의 시선으로 풍경과 사람들의 삶을 바라보는 경험을 해보기를 권한다. 여행을 마치고 일상으로 돌아간 어느 날, 통영에서의 시간이 음악처럼 맴돌 것이다.

작곡가 윤이상

1917-1995
관현악곡 〈광주여 영원히〉
뮌헨올림픽 개막 오페라 〈심청〉
오페라 〈나비의 미망인〉

윤이상은 동양과 서양의 문화를 독창적인 음악 언어로 표현하며 전 세계 음악 애호가의 사랑을 받은 현대 음악가로 손꼽힌다. 유럽으로 유학을 떠난 뒤 베를린에 정착, 그리워하던 고향으로 끝내 돌아오지 못했지만 통영에서 보낸 유년 시절은 그의 음악 세계에 큰 영향을 미쳤다. 아버지와 밤낚시를 하며 들었던 뱃사람들의 뱃노래, 물고기 헤엄치는 소리, 오광대의 탈놀이, 그리고 죽은 넋을 달래는 무녀들의 노래에서 받은 감동은 〈나모〉 등의 작품에서 여실히 드러나고 있다. 머릿속에 있는 전통적인 음들

을 서양의 악기로 표현하기 위해 그가 주로 택한 것은 현악기와 관악기였다. 오보에나 클라리넷, 플루트로 우리의 대금, 소금, 피리의 음률을 표현하는 시도를 했다. 이질적으로 보이는 동서양의 소리가 대화하듯 긴장과 조화를 빚어내는 윤이상의 음악은 서양 클래식 음악계에 신선한 충격을 전했고, 그를 대가의 반열에 올려놓았다. 해방 후 한동안 통영에 머물렀던 그는 당대 통영에서 활동하던 문화예술인들과 함께 통영문화협회를 결성하고, 유치환, 김춘수, 김상옥 등 문인들과 '교가 지어주기 운동'을 벌이며 통영에 있는 대부분 학교의 교가를 작곡했다. 1995년 독일에서 눈을 감은 그는 2018년 통영 앞바다가 보이는 통영국제음악당 언덕에 묻혔다. 지금도 전 세계 음악가들이 윤이상을 기억하며 그의 음악 세계를 만나기 위해 통영을 찾고 있다.

◆

"그 잔잔한 바다
그 푸른 물색
가끔 파도가 칠 때도
그 파도 소리는 내게 음악으로 들렸고,
그 잔잔한 풀을 스쳐가는
초목을 스쳐가는 바람도
내게 음악으로 들렸습니다."

세 번째 길 -公演之道

작곡가 정윤주

1918-1997

무용곡 〈까치의 죽음〉

교성곡 〈해탈〉, 교향시 〈태몽〉

〈교향곡 제1번〉

통영 바다가 한눈에 내려다 보이는 동피랑 언저리에 자리한 한약국집 아들로 태어난 정윤주는 서울에서 학교를 다니던 시절 성악 콩쿠르를 접하고 깊은 감명을 받아 음악의 길로 들어섰다. 광복 직후 통영문화협회 음악지부장을 맡았으며 낮에는 통영 중학교 음악교사로 근무하고 밤에는 유치진의 대본으로 〈까치의 죽음〉을 작곡했다. 음악에 열정을 불태운 그는 이후 교직을 그만두고 일평생 작곡가의 길을 걸었다. 〈까치의 죽음〉은 제1회 한국음악가 협회 작곡상에 당선되며 여러 곳에서 연주되었는

데, 1990년대 초에는 연주곡 선정에 까다롭기로 소문난 지휘자 정명훈이 이탈리아에서 오케스트라와 함께 이 곡을 연주한 적도 있다.

평소 통영에 남다른 애향심을 드러냈던 정윤주는 서울의 유명 연주자들을 통영으로 초대해 '한려초청음악회'를 주최하고 동피랑을 추억하는 교향시 〈매산이〉 등 통영의 풍경을 담은 다수의 곡을 작곡했다.

이후 국립영화제작소에서 음악 담당으로 일해 달라는 요청을 받고 영화음악을 시작한 그는 신상옥, 김수용 등 내로라하는 감독들과 함께 〈성춘향〉, 〈벙어리 삼룡이〉, 〈연산군〉, 〈상록수〉 등 유명 영화의 배경음악을 작곡하며 한 국영화음악상, 대종상, 아시아 영화제 음악상 등을 수상했다. 다양한 분야의 순수 음악과 영화 음악을 작곡했으며 한국 현대 음악의 발달에 기여한 대표 작곡가로 손꼽힌다.

세 번째 길 -公演之道

극단 벅수골 대표 장창석

1953년생

문학과 연극을 좋아한 첫째 장현과 둘째 장영석이 마음 맞는 사람들과 함께 극단 벅수골을 창단했다. 두 형을 돕기 위해 망치질부터 시작해 포스터를 붙이고 소품을 구해 오는 소일거리를 하던 막내 장창석은 어느새 단역 배우로 무대에 오르기 시작하여 곧 벅수골에 없어서는 안될 주요 일원이 되었다. 한국 소극장 연극의 중심지인 대학로의 극단들도 버텨내기 녹록하지 않은 시대에 지역에서 연극을 하는 작은 극단이 사십 년 가까이 지속할 수 있었던 것은 그의 지역 연극에 대한 사명감과 예술혼, 뚝심 덕분이다. 극단 초창기에는 서울, 외국 등지에서 인기를 얼은 유명 작품을 공연했지만, 극단이 오랫동안 생명력을 갖기 위해서는 창작극을 해야 한다는 생각으로 벅수골만의 작품을 하나씩 만들어가기 시작했다. 우리의 소재로 만든 작품이 세계적인 작품이 될 수 있다는 신념으로 화가 전혁림, 작곡가 윤이상 등 통영 출신의 문화예술인들과 마을 이야기를 소재로 한 창작극을 극단 구성원들과 함께 고민하며 창작하고, 연출하고 있다.

세 번째 길 -公演之道

극단 벅수골

연극은 배우와 연출가는 물론 대본을 쓰는 작가, 무대의 시각
장치를 설계하고 그려내는 무대미술가, 극의 분위기를 음향과
음악으로 빚어내는 음악가 등 다양한 장르의 예술가들이 협업해서
만들어내는 종합예술이다. 문학, 미술, 음악 등 다양한 분야의 수준
높은 예술가들이 교류하고 활발히 활동했던 통영은 그런 면에서
비옥한 토양을 갖춘 곳이었다. 청마 유치환의 형이자 한국 근현대
연극사를 대표하는 유치진 역시 광복 후 통영에 머무는 동안
통영문화협회에서 활동하며 동료 예술가들과 함께 연극운동을
펼쳐나갔다.

벅수골은 1981년 통영 연극의 맥을 이으며 시작한 극단이다. 극단의
이름 '벅수'는 여러 의미를 갖고 있다. 마을을 지키는 수호신 장승을
부르는 말이고, '바보 멍청이'를 뜻하는 방언이기도 하며, 재주를
넘는 것을 '벅수 넘는다'고 표현하기도 한다. 연극으로 이 지역을
바보처럼, 묵묵히 지키는 문화지킴이가 되고자 하는 생각으로 극단
벅수골이라 이름을 지었다. 통영의 이야기를 새로운 창작극으로
만들어 소극장과 통영시민문화회관 등에서 선보이고, 지역 극단들을
초청해 상연하고 교류하며 통영연극예술축제를 주최하는 등 통영의
공연 문화를 풍성하게 하고 있다. 또 학생들에게 연극을 지도하고
섬마을을 찾아가 순회 공연을 하며 등 문화 소외 계층에 문화 나눔을
실천하고 있다.

한정자

1942년생

중요무형문화재 제21호 승전무 예능보유자

전통 무용을 좋아하던 할머니는 손녀 한정자의 손을 잡고 매일같이 극장을 찾았다. 시대를 대표하는 판소리 명창이자 국극배우 임춘앵 등 소문난 예인들의 공연을 보며 한정자는 자연스레 무용과 노래의 안목을 키웠고, 통영의 숨은 고수들을 찾아 전통 무용의 기본을 배우러 다녔다. 삼도수군통제영 산하에는 연희를 위해 예기를 양성하는 교방청과 악사를 양성하는 취고수청이 있었다. 그러나 조선시대부터 이어진 예인의 맥은 일제강점기와 한국전쟁 등으로 잠시 수면 아래로 가라앉고 말았다. 통영 길을 걸으면 누구나 알아볼 정도로 실력 있는 무용인으로 성장한 그는 뜻있는 사람

207

들과 함께 전통 무용을 재현하기 위해 춤을 사사하고 도구를 재현해냈다. 이 과정에서 그의 스승 정순남이 중요무형문화재 승전무 예능보유자로 인정 받았고, 이후 한정자 역시 승전무 북춤 보유자로 지정되었다. 그는 승전무 칼춤 보유자 엄옥자와 함께 승전무를 연구하며 후학 양성에 힘을 쏟고 있다.

엄옥자

1943년생

중요무형문화재 제21호 승전무 예능보유자

어느 날 우연히 요정에서 춤을 추는 기녀들을 본 엄옥자는 순식간에 전통 무용의 세계에 매료되었다. 전통 무용을 배우던 어머니를 따라 통영 칼춤을 사사하며 승전무와의 인연이 시작되었다. 경희대에서 무용을 전공한 후 부산의 한 고등학교에 교생실습을 나왔다가 청마 유치환의 권유로 통영여자고등학교에서 무용교사로 근무했다. 이때 한정자, 통영여고 교감 이민기 등이 함께 승전무를 전승하고 있던 정순남, 취고수청 출신의 권번장 이갑조 등을 찾아내어 승전무를 연구, 학생들에게 전수하기 시작했다. 스승인 정순남과 함께 스물여섯 어린 나이에 중요무형문화재로 지정되었으나 이례

적인 일이라 해제되고 28년 후 칼춤 예능보유자로 재인정 받았
다. 승전무를 계승하는 것뿐만 아니라 이를 기반으로 한 자신만
의 창작춤을 선보이며 해외 순회공연을 하는 등 우리 춤을 알리
는 일에도 힘을 쏟아 왔다. 어려서부터 춤에 반해 춤만 생각하며
살아온 그는 평생을 예술가로서, 교육자로서 전통 무용을 연구
하며 제자를 양성하고 있다.

승전무

삼도수군통제영 소속 교방청 예기들이 행사 때 연희하던 춤으로
현재는 통영 북춤과 통영 칼춤이 중요무형문화재로 지정되어 있다.
장수들과 병졸의 노고를 위로하고 사기를 돋우기 위해 연희되었다고
전해지고, 현재는 충무공 탄신제에 헌무하고 있다. 승전무는
역동적이고 우아한 춤사위가 함께 어우러진다. 통영 북춤은 큰북을
가운데 두고 네 명의 무희가 동서남북으로 북을 치고 창을 하며 춤을
추고, 가장자리 열두 명이 이를 둘러싸고 협무를 한다. 칼춤은 무희가
양손에 칼을 들고 쌍을 이뤄 추는 춤으로 여덟 명이 추는 팔검무가
일반적이다. 북을 치고 긴 한삼을 날리며 추는 북춤은 화려함을
머금고 있고, 유연한 손놀림으로 칼을 회전하는 칼춤은 부드러운
여성미를 품고 있다. 통영의 승전무는 오랜 시간 이어져 내려오며
춤사위와 의상, 도구, 내용 등이 시대의 영향을 받아 변화하고
정리되었다. 그 속에서 짜임새 있는 구성과 섬세한 예술적 감수성을
풍부하게 담고 있는 춤이다.

세 번째 길 -公演之道

김홍종

1949년생
중요무형문화재 제6호 통영오광대
예능보유자

연극과 예술에 관심이 많았던 음악교사 김홍종은 어느 날 남망산 조각공원을 오르다가 운명처럼 통영오광대와 조우했다. 통영오광대 전수관이 남망산 조각공원에 있던 시절로 그곳에서 연습을 하고 있던 통영오광대의 사설, 북과 피리 소리에 반해 안정적인 교사직을 그만두고 통영오광대에 입문했다. 젊은 이가 없어 맥이 끊길까 염려하는 마음에 주변의 다른 교사 다섯 명과 함께 오광대를 익히기 시작했는데, 그중에서도 그는 당시 스승이 없던 문둥춤을 연구하고 춤사위를 하나 둘 익혀가며 어느새 통영오광대를 대표하는 문둥춤 명인이 되었다. 통

영의 전통문화를 발굴하고 음악, 사진, 연극 등 예술 다방면에
서 예술혼을 불태우고 있다.

통영오광대

오광대는 서민의 애환을 담고 있는 우리 민족을 대표하는 탈춤으로
문둥탈, 풍자탈, 영노탈, 농창탈, 포수탈의 다섯 마당으로 진행된다.
'탈로 탈(頉)을 손본다' 하여 동네의 해악을 몰아내고 서민들의 한을
풀어주고자 했다. 그중 통영오광대는 다른 지역과 비교해 서사적이고
연극적인 성격이 강한 것이 특징이다. 통영 탈은 밤에 쓰면 사람으로
착각할 정도로 사람의 얼굴과 닮았다.
통영에 공연 문화가 풍성했던 것은 통제영의 영향이다. 통제영이
들어서며 실력 있는 예능인들이 찾아왔고, 관 차원에서 새로운
예능인들을 꾸준히 양성했다. 통제영에 소속된 예능인들은 섣달
그믐 관아의 제의가 끝나면 온동네를 돌아다니며 탈놀이를 했다.

출처 문화재청

세 번째 길 -公演之道

정영만

1956년생

중요무형문화재 제82-라호 남해안별신굿
예능보유자

11대에 걸쳐 통영 지역의 무속을 담당해 온 세습무 집안의 자손이다. 바닷가 도시의 특성상 무속신앙이 발달하여 세습무 가문은 부유한 경우가 많았다. 정영만의 집안 역시 상당한 부를 누리던 집안이었는데, 일제강점기에 막내 할아버지가 독립운동을 하며 형편이 기울었다고 한다. 어린 시절부터 집안 어른들과 각 지역의 이름난 예인들이 굿과 공연을 하는 모습을 매일 같이 가까이에서 보며 자랐고 자연스럽게 피리와 징, 무가를 배웠다. 주위 사람들의 편견으로 아버지 대에서는 가업인 세습무를 더 이상 잇지 않기로 결정했다. 1987년 왕고모 정모련

이 중요무형문화재로 지정되었지만 얼마 지나지 않아 남해안
별신굿을 하던 무녀와 악사들이 하나 둘 세상을 떠나자 통영
만의 고유한 역사와 문화적 가치를 지닌 남해안별신굿을 지켜
야겠다는 책임감으로 굿판에 섰다. 성장기 내내 왕고모를 비
롯한 친척들의 무용과 무가, 할아버지의 피리를 일상으로 접
하며 익혔고 계승을 결심한 후 음식과 꽃 작업 등까지 남해안
별신굿의 모든 과정을 더욱 자세하게 전수 받고 정리했다. 그
리고 지금은 이 고유한 문화가 끊기지 않고 맥을 이어가도록
자녀들과 젊은이들에게 남해안별신굿을 전수하며 남해안별
신굿보존회를 꾸려 운영하고 있다.

남해안별신굿

굿이 주로 개인의 안녕을 비는 것과 달리 남해안별신굿은 마을의
평온과 풍어를 기원하는 마을굿이다. 2박 3일, 또는 4박 5일을
함께하며 마을 공동체를 하나로 묶어주는 연대와 화합의 장으로
특히 무녀의 사설에는 그 마을의 역사가 고스란히 담겨 있다.
남해안별신굿의 사설은 그 시대에 주로 사용했던 순우리말로 이어져
내려와 그 시대상을 전하는 자료가 되기도 한다. 며칠씩 이어지는
특성상 굿만으로는 지루할 수 있어 중간에는 마을 사람들이 어울릴
수 있는 탈놀이를 이어가기도 했다.

굿판이 벌어지는 지역의 특산물로 상을 차리는데 피를 흘리면
부정을 탄다고 소를 잡는 것은 금하고 물고기를 중심으로 상에
올린다. 그중에서도 대구는 큰 입으로 복은 물어 놓치지 않고 나쁜
것은 쫓아낸다는 의미로 상에 많이 올렸다. 조선시대에는 부산부터
여수 너머까지 남해안별신굿이 행해졌던 것으로 전해지나 차츰
축소되어 거제와 통영, 남해 일부 지역에서 굿을 했고, 지금은 통영
죽도에서 남해안별신굿을 만날 수 있다.

공연의 길

세계가 사랑하는 현대 음악가 윤이상의 작품
세계를 이해할 수 있는 윤이상 기념공원에서
시작하여 구도심 골목과 해안가로 이어지는
이 길을 걷다보면 승전무, 통영오광대,
남해안별신굿의 명맥을 이어온 역사적 배경과
공연의 무대가 된 곳들을 체험할 수 있습니다.
골목을 따라 걸으면 어느새 생기 넘치는 시장
속으로 길이 이어지고, 예술가들이 작품의
영감을 받았던 말간 바다 풍경, 갈매기 울음
소리를 들으며 그들이 사랑한 통영, 그들이
사랑한 음악을 상상해볼 수 있습니다.

①윤이상 기념공원 - ②통영시립박물관 - ③아적재자(아침시장) -
④충렬사 - ⑤호주 선교사의 집 - ⑥통제영 - ⑦충무교회, 봉래극장
- ⑧극단 벅수골 소극장 - ⑨유치진 생가, 신청 - ⑩정윤주 생가 -
⑪통영시민문화회관 - ⑫문화마당 - ⑬통영극장(엣 국민은행)
소요시간: 2시간 30분

세 번째 길 - 公演之道

❶ 윤이상 기념공원

윤이상 기념공원은 윤이상이 어린 시절을 보낸 생가터 바로 옆에 조성되었습니다. 공원 입구에는 마치 윤이상 기념공원 전체를 조망하고 있는 듯한 윤이상 전신상이 서 있습니다. 통영국제음악제 기간에는 윤이상 기념공원 실내 공연장 메모리홀과 야외 공원 무대에서 밤낮으로 공연이 펼쳐집니다. 메모리홀 이층 전시실에는 윤이상이 사용하던 바이올린과 첼로, 친필 악보 등 베를린에서 생활할 때의 유품과 북한에서 제작하여 한국으로 기증한 윤이상 흉상 등이 전시되어 있어 그의 음악 세계와 생애를 이해할 수 있습니다. 이외에도 윤이상이 머무르던 베를린하우스를 본떠 재현한 작은 집 한 채와 독일에서 실제로 운전하던 차를 옮겨와 전시해 그의 독일 생활을 조금이나마 짐작하게 합니다. 사실 진짜 윤이상 생가터 자리는 현재 표지석이 있는 자리가 아니고 길 건너편입니다. 바로 옆집이 중요무형문화재 소반장 추용호 장인의 공방 겸 집으로, 추용호 장인은 윤이상의 육촌 조카입니다. 윤이상의 부친 윤기현 선생은 한시와 소목에 능했는데, 추용호 장인의 아버지인 추웅동 장인이 옆집에 사는 고모부 윤기현 선생에게 소목 일을 배우셨다고 합니다. 이 골목은 12공방에서 나와 소목을 하는 장인들이 많이 모여 사는 예술가의 혼이 있는 골목이라고 할 수 있습니다. 골목에 울리던 대패질 소리, 톱질 소리, 자귀질 소리가 어린 윤이상의 귓가에는 어떤 리듬으로 들렸을지 궁금합니다. 생가는 허물어져 사라졌고, 생가터만 남아 있는데 길을 내기 위해 윤이상 생가 표지석의 위치도 지금 자리로 옮겨두었습니다.

최근에는 윤이상의 어린 시절 추억이 어려있는 윤이상 기념공

세 번째 길 -公演之道

원 주변 도천동 일대를 도천음악마을로 조성했습니다. 윤이상이 학교인 세병관까지 가기 위해 걸었던 길에 벽화를 그려 그의 음악 정신을 세겨넣었는데 특히 윤이상 기념공원에서 통영시립박물관으로 이어지는 골목에는 윤이상이 작곡한 교가들로 골목을 꾸몄습니다. 윤이상은 광복 후 통영에서 음악교사 생활을 하며 유치환, 김춘수, 김상옥 등과 함께 통영을 비롯한 여러 지역의 교가를 만들었습니다. 곳곳에 일제강점기의 잔재가 남아 있던 시대에 학생들이 새로운 교가로 민족의 정신을 이어받기를

바라는 마음에서 추진한 문화운동의 일환입니다. 지금도 통영의 학생 대부분은 세계적인 음악가 윤이상이 작곡하고 한국을 대표하는 문인들이 작사한 교가를 부르고 있습니다.

도천동 골목은 벽화나 작은 조형물, 공원 등의 볼거리 외에도 일본식 가옥의 흔적, 바다였다가 땅을 매워 만든 매립지의 흔적 등이 남아 있어 구석구석 잘 살펴볼수록 흥미로운 것들이 많은 길입니다.

세 번째 길 -公演之道

봄 바다에서 펼쳐지는 음악의 향연
통영국제음악제

매년 봄 열리는 통영국제음악제는 2002년 세계적인 음악가
윤이상을 기리고 그 음악 세계를 재조명하기 위해 시작되었다.
'20세기를 통틀어 가장 중요한 작곡가 30인'에 전 세계 음악인
중 유일한 동양인으로 선정되었을 만큼 윤이상의 음악적 성취는
세계에서 높이 인정받고 있다. 엄혹한 냉전 시대, 정치적 풍파에
휩쓸려 끝내 고향 땅을 밟지 못하고 독일에서 눈을 감았지만,
죽기 전까지 분단 조국의 상황을 안타까워하며 평화를 염원하는
마음으로 곡을 써내려 갔다. 작곡가는 돌아올 수 없었지만 봄이 되면
전 세계 음악가들이 그의 음악 세계의 원천이 된 통영을 방문하여
윤이상의 작품을 연주하며 음악 정신을 기리고 있다. 같은 시기에
통영국제음악제의 꽃이라 부를 수 있는 프린지 페스티벌이 열린다.
전국에서 다양한 장르의 젊은 뮤지션이 찾아와 문화마당, 동피랑,
윤이상 기념공원 등 통영 골목골목에서 공연을 한다. 통영 봄 바다는
아름다운 선율이 넘실대는 음악의 바다다.

세 번째 길 –公演之道

❷ 통영시립박물관
(옛 페스티벌하우스)

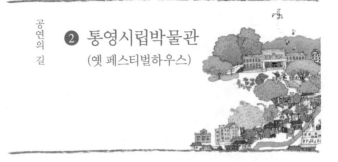

1943년 통영군청으로 사용하려고 세운 건물로 건립 당시의 외관이 지금도 그대로 유지되고 있어 등록문화재로 지정되었습니다. 충무시와 통영군이 통합되면서 통영시청 별관으로 사용하다가 이후 통영국제음악제 페스티벌하우스로 이용했습니다. 윤이상기념공원과 통영국제음악당이 건설되기 전에는 통영국제음악제 기간이면 이곳에서 프린지 공연이 열렸습니다.

한때는 이 건물 뒷산에 동굴을 뚫어 분위기와 음향 모두를 기대할 수 있는 동굴음악당을 만들 계획이 있었지만, 안전과 규모의 문제로 계획이 취소되었다고 합니다. 클래식 음악 전용 공연장인 통영국제음악당 건립 뒤에는 내부를 리모델링하여 통영의 전통과 문화 예술을 소개하고 전시하는 통영시립박물관으로 새로이 태어났습니다.

세 번째 길 -公演之道

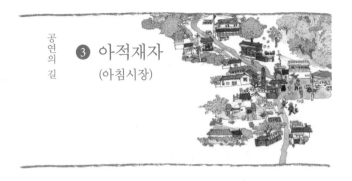

❸ 아적재자
(아침시장)

빨간 벽돌 굴뚝이 우뚝 솟아 있고 회색 벽면에 '上'이라 쓰인 이 건물은 일제강점기에 생선으로 일본식 어간장을 만들던 장공장입니다. 지하에는 생선을 보관하던 생선 창고가 있었는데, 이곳을 철거하려고 생선 창고를 열어보니 무척 좋은 향기가 났다고 합니다. 광복 이후에는 나전칠기 장롱을 만드는 장공장으로 사용했습니다. 장공장 건물을 기준으로 앞의 넓은 공터가 전부 아적재자였습니다. 아적재자는 '아침시장'을 뜻하는 사투리입니다.

예전에는 서문고개를 타고 넘어온 사람들, 미륵도에서 온 사람

들, 명정고개를 넘어온 사람들이 다니던 길이 이곳에서 만나 여러 마을 사람들이 모여드는 자리였습니다. 그러다 보니 자연스레 시장이 조성되었습니다. 사람들이 모이는 곳이면 오광대가 등장하는 법, 아적재자는 통영오광대가 신명 나게 탈놀이를 하며 사람들의 흥을 돋우는 공연장이었습니다. 원래 아적재자는 바다와 접하고 있었는데 차츰 바다를 매립하며 아침 시장이 현재의 서호시장으로 이동했고, 아적재자는 사라져 지금은 공터만 남아 있습니다.

세 번째 길 -公演之道

❹ 통영 충렬사

충무공을 기리며 세운 이순신 사당입니다. 매년 4월 28일에 충무공 탄신제가 열리는데 이때 승전무를 헌무합니다. 지금은 교차로가 되었지만 도로가 나기 전에는 충렬사 옆에 있는 작은 문방구와 명정샘 사이에 제법 넓은 공터가 있었습니다. 바로 그곳이 활을 쏘는 연습을 하는 사각(射閣)터였는데, 이곳에서 공연 연습을 한 통영오광대는 사람들이 많이 모이는 아적재자로 내려가 공연을 했습니다. 승전무는 관 차원의 공연이고, 오광대는 서민들을 위한 놀이였기에 공연의 장소가 달랐습니다.

세 번째 길 -公演之道

❺ 호주 선교사의 집

서양 문물을 통영으로 가져 온 호주 선교사들은 통영의 문화예술인들에게 큰 영향을 미쳤습니다. 이곳은 호주 선교사의 사택이 있던 자리입니다. 그들은 포교만이 아니라 학교와 의료기관 역할을 함께했으며, 통영에 근대식 교육을 들여오고 독립운동을 지원하기도 했습니다. 사택은 당시에는 드문 빨간 서양식 벽돌집으로 지어 눈에 띄는, 신기하고 궁금한 공간이었을 것입니다. 뿐만 아니라 호주 선교사의 집에는 서양에서 가져온 피아노가 있었는데, 언덕 위에서 연주를 하면 제법 멀리 떨어져 있는 세병관과 통영항까지 그 소리가 울려퍼졌다고 합니다. 감수성이 예민한 청년들이 한국 고유의 공간에서 서양의 음악이 울려퍼지는 것을 듣고 있었을 테고, 이질적인 문화의 만남이 그들에게는 상당한 예술적 자극이었을 것입니다. 윤이상 역시 그 영향을 받았습니다. 당시 산양읍의 화양학교에 근무하던 윤이상은 피아노를 연주하기 위해 호주 선교사의 집을 자주 방문했다고 합니다.

세 번째 길 -公演之道

❻ 통제영

통제영은 통영 문화예술인들에게 예술적, 정신적 바탕이 된 중요한 공간입니다. 통제영은 전통 공예만이 아니라 전통 음악과 무용에 있어서도 수준 높은 문화가 통영에서 이어질 수 있었던 배경이었습니다. 조선시대 전국의 내로라하는 예능인들이 통제영이 자리한 통영에 삼삼오오 모여들었고 통제영 산하 기관에서 예능인들을 양성했습니다. 취고수청은 각종 악기로 음악을 연주하는 취고수들을 양성하는 곳이었고, 교방청은 관기에게 기본 소양은 물론 노래와 춤을 가르치는 예인 교습기관이었습니다. 또 관의 제례 등 무속을 담당하는 관청, 신청도 갖추고 있었습니다.

승전무, 통영오광대, 남해안별신굿 등 전통 예능 분야가 오늘날까지 긴 시간 이어져 내려올 수 있었던 데에는 이런 관의 영향이 큽니다. 공연에는 음악이 빠질 수 없는데, 취고수청에 소속된 뛰어난 취고수들이 있어 우리 음악의 기본 악기 편성인 삼현육각(향피리 둘, 대금, 해금, 장구, 북 한 명씩 총 여섯 명 구성이 원칙이나 상황에 따라 악기 종류와 편성이 달라짐)을 제대로 갖춰 공연할 수 있었습니다. 이 취고수청 출신의 악공들이 통제영 폐영 후 악공조합을 결성해 명맥을 이어갔고, 교방청 출신의 관기들은 기생조합에 소속이 되었는데 이후 권번으로 옮겨 가며 승전무를 이어왔다고 합니다.
삼도수군통제영의 중심 건물 세병관은 일제강점기에 소학교인 통영공립보통학교로 사용해 많은 문화예술인들이 이곳에서 유년을 보냈습니다. 음악가 윤이상, 정윤주도 동급생으로 같이 학교를 다녔고, 무형문화재 승전무 예능보유자 한정자도 이곳을 다녔습니다. 윤이상과 정윤주는 소학교에서 정식 음악교육을 받지는 못했지만, 선생님이 연주하는 풍금을 통해 처음 서양음악을 접했다고 합니다.

세 번째 길 - 公演之道

⑦ 충무교회, 봉래극장

윤이상은 호주 선교사들이 들어와 지은 충무교회에 다니며 성가대의 지휘를 맡고 음악에 대한 열망과 호기심을 충족시켰습니다. 교회 바로 옆에 있는 교회 부속 사택 이층은 유치환의 작업실이자 통영문화협회 사무실로 사용하던 곳으로 윤이상과 정윤주, 그리고 김춘수 등 문화예술인이 모여 문화운동을 펼치던 곳입니다.

충무교회 바로 옆, 현재는 터만 남아 주차장으로 사용하고 있는 공간에는 봉래극장이 있었습니다. 봉래극장은 1914년에 지은 통영 최초의 근대식 극장입니다. 일본인이 가부키 공연장으로 지었으나 가부키만이 아니라 영화, 연극, 전통 무용과 소리 등 전국에 내로라하는 예능인들이 방문하여 다양한 공연을 선보였고, 통영 예술인들은 봉래극장을 다니며 저마다의 꿈을 키웠습니다. 우리나라에서 가장 오래된 극장으로 손꼽히는 단성사가 1907년에 지은 것인데 이와 견주어봐도 통영의 봉래극장 설립은 매우 이른 시기였습니다. 이외에도 일제강점기 통영에는 통영극장 등 신식 극장은 물론 영화사가 두 곳이나 있었을 정도로 새로운 문물이 빠르게 들어오고 문화예술의 에너지가 가득한 곳이었습니다.

봉래극장에서 무성영화를 상영하던 시절, 어린 윤이상이 작곡한 곡이 영화 막간을 이용해 연주되기도 했고, 정윤주의 무용곡 '까치의 죽음'을 통영 시민들에게 처음 선보인 장소도 봉래극장입니다. 극단 벅수골이 창단하고 아직 소극장을 갖추지 못했던

시절에 공연을 올렸던 곳도 봉래극장으로 지금도 통영 시민들은 그때 본 극단 벅수골의 연극을 잊을 수 없다고 말합니다. 통영을 대표하는 전통 공연인 승전무, 통영오광대가 봉래극장 무대에 올랐던 것은 말할 필요도 없을 것입니다.

이렇게 봉래극장은 사람들의 추억만이 아니라 통영 연극과 예능 문화의 역사를 생생하게 담은 문화공간으로 구십여 년 동안 통영 시민들의 사랑을 받았지만 통제영 거리 복원 계획 지구에 포함되어 2005년 철거되었습니다. 문화예술을 사랑하는 많은 사람들이 지금까지도 가슴 아파하고 있는 부분입니다. 사실 이와 같은 일은 통영만이 아니라 우리나라 곳곳에서 일어납니다. 일제강점기의 건물일지언정 많은 이들의 추억과 문화 활동의 흔적이 남아 있는 근대 문화 유산을 옛 문화 유산 복원을 위해 허물어버리는 것이 과연 옳은 일인지 의문을 남깁니다.

⑧ 벅수골 소극장

벅수골은 1981년 통영연극의 맥을 이으며 시작한 극단으로 우리네 소재로 만든 작품이 세계적인 작품이 될 수 있다는 신념으로 통영의 이야기를 발굴하기 시작했습니다. 가는개마을, 야소골, 통영의 일본인 마을이었던 오카야마무라와 같은 이야기가 있는 통영의 작은 마을, 윤이상, 유치환, 전혁림 등 통영 예술가의 이야기를 소재로 한 작품을 통영 출신 극작가와 만들어내며 매년 새로운 창작극을 선보이고 있습니다.

극단 벅수골은 청마우체국 옆 수천당이라는 건물에 이삼 년 있

다가 중앙시장 안에 있던 동사무소가 이사를 하자 그 자리 지하로 이사해 소극장도 함께 운영하고 있습니다. 벅수골 소극장은 극단 벅수골의 역사가 오롯이 담긴 곳으로 무대와 객석이 가까워 연기자의 눈빛, 손짓, 호흡을 바로 코앞에서 느끼며 생생하게 연극을 즐길 수 있습니다.

❾ 유치진 생가, 신청(神廳)

신청은 관의 제례 등 무속을 담당하던 통제영 소속의 관청이었습니다. 통제영이 폐영된 후 신청 소속의 예인들은 흩어지지 않고 모여 통제영 시대의 음악과 무용을 전수하며 그 명맥을 이어갔습니다. 신청은 통영 권번으로 바뀌었는데 남해안별신굿 보유자 정영만은 어릴 적 이 권번에서 성장하며 춤과 연주를 배웠다고 합니다. 지금은 터만 있지만 신청이 있던 당시의 우물은 여전히 그 자리에 남아 있습니다.

동피랑에 살던 정윤주는 세병관 소학교 가는 길목에 권번이 자

리하고 있어, 등하교 길에 권번에서 흘러나오는 민속적인 가락에 귀를 기울였다고 합니다. 그리고 이곳에서 몇 걸음 더 가면 극작가 유치진이 살았던 생가터가 있습니다. 유치환의 형 동랑 유치진은 수준 높은 희곡 작품을 쓰고, 연극인 양성을 위한 학교를 세우는 등 한국 연극의 새로운 장을 연 개척자입니다.

❿ 정윤주 생가

동피랑 언덕을 올라가는 길에 작곡가 정윤주의 생가가 있습니다. 그의 아버지가 운영하던 한약방은 당시 이름만 말하면 누구나 알 만큼 유명했다고 합니다. 동피랑 언덕에서 정윤주는 사랑하는 통영의 바다를 내려다보고 밤바다의 풍경, 뱃노래 소리를 들으며 성장했고, 이러한 유년 시절의 기억과 경험이 그의 음악적 자양분이 되었습니다. 정윤주가 어릴 적 보던 집 앞 바다는 지금은 매립되어 보이지 않습니다. 동피랑은 한때 개발의 위기에 처했으나 마을 주민들과 마을활동가의 노력 끝에 벽화마을로 새로이 태어나고 마을 공동체가 되살아나며 통영을 대표하는 관광 명소가 되었습니다.

세 번째 길 -公演之道

**⑪ 통영시민
문화회관**

전망 좋은 남망산 조각공원에 위치한 통영시민문화회관은 많은 객석을 확보하고 있어 통영국제음악제와 통영연극예술축제가 열리는 주 무대였습니다. 클래식 음악 전용 콘서트홀이 있는 통영국제음악당과 윤이상 기념공원이 생긴 이후 공연의 상연 횟수는 다수 줄어들었으나, 여전히 통영의 다양한 문화공연을 책임지는 문화 공간입니다.

통영시민문화회관의 바로 앞에는 아름드리 나무와 공터가 있는데, 한때 통영오광대 전수관으로 이용하던 곳입니다. 산책 삼아

조각공원에 올라오면 통영오광대를 배우는 이들의 열정 어린 모습을 쉽게 볼 수 있었습니다. 무형문화재 통영오광대 보유자인 김홍종 역시 이곳에서 통영오광대의 연습 모습을 보고 반해 교사의 자리를 박차고 나와 전수받게 되었습니다. 지금은 이순신공원 옆에 예능전수관을 지어 그곳에서 연습과 전수가 이루어지고 있습니다.

세 번째 길 -公演之道

세 번째 길 - 公演之道

⑫ 문화마당

항구가 있어 예부터 사람들이 많이 모인 중심지로, 통영의 축제
는 모두 이곳 문화마당에서 열립니다. 통영국제음악제 기간에
는 다양한 뮤지션의 프린지 공연이 열리고 통영연극예술축제
기간에는 문화마당에 소극장을 마련하여 연극을 상연하며, 통
영 대표 축제 한산대첩축제 역시 문화마당을 중심으로 펼쳐집
니다. 매년 계절 따라 다양한 공연과 전시가 열리는 통영의 대표
광장입니다.

사실 이곳은 바다였던 곳으로 조선시대에는 군선이 정박하고
훈련을 했습니다. 일제강점기에 매립을 하며 땅을 넓힌 자리입
니다. 문화마당 바로 앞에 있는 중앙시장 역시 매립지로 이전에
는 훨씬 더 안쪽에 위치하고 있었습니다. 중앙시장은 19세기 초
반 지도에도 시장의 모습이 담겨 있을 정도로 오랜 역사를 갖고
있는 시장으로 다른 지역에서 물자를 실어 나르는 배가 이곳에
정박하여 바로 그 앞에 자연스레 시장이 형성된 것입니다.

ISANGYUN CO

2016 윤이상국제음악 콩쿠르

세 번째 길 -公演之道

푸른 바다를 배경으로 펼쳐지는
통영연극예술축제

통영의 여름은 연극예술축제와 함께 찾아온다. 극단 벅수골을
중심으로 열리는 통영연극예술축제에는 전국에서 찾아온 극단들의
창작극이 푸른 바다를 배경으로 펼쳐진다. 벅수골 소극장은 물론
문화마당과 통영시민문화회관 등 시민들의 삶과 가까운 곳이 무대가
되어 창작극과 가족극 등 다양한 연극을 선보인다. 연기자들의
작품성 높은 연극을 감상하는 것은 물론 그들이 이야기꾼이 되어
말하는 우리네 삶과 문화를 새로운 시각으로 감상할 수 있어 많은
사랑을 받고 있다.

봉래극장과 더불어 통영을 대표하는 극장으로는 통영극장이
있었습니다. 화재로 한차례 자리를 옮겼는데 한동안 그곳에 은
행이 자리했습니다. 극장이 문을 닫고 몇 차례 건물의 용도가 바
뀌었지만 건물 지붕을 살펴보면 지금도 통영극장 당시의 모양이
그대로 남아 있습니다.

이 일대는 수많은 가게와 술집이 몰린 번화가였습니다. 화려한
차림의 여성이 많아 이 길을 걸으면 도깨비에 홀린 듯하다 해서
통영 사람들은 이 골목을 도깨비골목이라 불렀습니다. 통영극
장을 태운 화재는 이 번화가를 전부 불태우고 말았는데, 그렇게
화마가 삼켜 사라진 공간 중 '아카다마(赤玉)'라는 카페가 있었
습니다. 우리말로는 적옥, 붉은 전등이 있다 하여 붙인 이름으로
통영 최초의 네온사인 간판이 있는 고급 카페였습니다.

정윤주의 기록에 의하면 '만주 대련에 있는 전축과 음반 수백
장이 통영으로 유입되어 이를 김백중 씨가 아카마다를 인수해
서 아래층에서 술을 팔고 이층에는 다방을 차려 음악감상회를

열었다'고 합니다. 정윤주는 서양 음반으로 가득한 이곳을 매일 같이 드나들며 음악 공부를 했습니다. 낯선 음악을 듣고 동피랑까지 이어지는 바닷가 길을 걸으며 그는 작품을 구상했다고 합니다. 화가 이중섭이 통영에 머물 때 기거하던 나전칠기기술원 양성소가 멀지 않은 곳에 있었는데 그 역시 음악을 듣고 사람들을 만나러 이곳을 자주 찾았다고 합니다.

이곳은 또 한 명의 작곡가 윤이상에 대한 슬픈 이야기도 품고 있는 장소입니다. 군사독재 시대 정치적 사건에 휩쓸려 한국에 돌

아올 수 없었던 윤이상은 책상 뒤 가장 잘 보이는 곳에 통영항 사진을 걸어놓고 늘 고향을 떠올렸다고 합니다. 깊은 병환으로 생이 얼마 남지 않았을 때까지도 윤이상은 고향 통영으로 돌아오기를 간절히 바랐으나 끝내 그 염원은 이루어지지 않았습니다. 그리운 마음을 달랠 길 없어 일본에서 배를 타고 통영 앞바다의 섬 욕지도 근처까지 와 통영을 보고 가기도 했습니다. 그때 바다 너머 있는 통영 땅을 향해 "충무 시민 여러분, 윤이상입니다"라고 외쳤던 음성이 녹음 파일로 남아 있는데, 가슴 깊은 곳 그리움을 토해내는 듯한 갈라진 목소리가 듣는 이들의 마음까지 아리게 만듭니다. 오래 지나지 않아 결국 그는 베를린에서 생을 마감했는데, 고향 땅에서는 장례식이나 추모식조차 할 수 없었습니다. 그 소식을 전해 들은 통영의 뜻있는 사람들이 통영극장 바로 옆 골목 안쪽으로 윤이상 분향소를 마련하여 그의 죽음을 추모했습니다.

길은 소통이며
사유하는 철학이다

몇 해 전 어느 날 통영의 대표서점인 이문당이 문을 닫는다는 소식을 들었다. 해방둥이인 이문당 서점은 통영, 거제 사람들에게 지식의 갈증을 풀어준, 단순한 서점이 아니라 문화 그 자체였다. 무수한 문인과 예술가들을 배출한 도시 통영의 자존심이자 역사의 일부였다. 일제강점기 통영에는 많은 인쇄소가 있었으며 '이충무공전서'를 인쇄해 곳곳에 유통할 정도로 출판업이 성했다. 이런 이야기를 할 때마다 그저 추억, 후일담을 이야기하는 쓸쓸한 기분이었는데, 통영에 새로운 출판사가 생겼다는 이야기를 들었다. 통영에서 열린 출판기념회에 참석했다. 신선했다. 그리고 얼마 뒤 다시 남해의봄날을 만났다. '걸어서 통영을 만나다'라는 구호를 내걸고 통영의 역사와 문화 공간을 걸으면서 탐구하는 비영리단체 통영길문화연대와 통영의 출판사 남해의봄날이 의기투합했다. 예술가의 길을 걷는 지도 프로젝트가 시작된 것이다.

통영은 군사 도시로 약 사백여 년의 역사를 지나오며 수많은 콘

텐츠를 쌓아 왔다. 초대 삼도수군통제사 이순신 장군을 비롯한 209명의 통제사들이 다녔던 길이 있고, 그 어떤 도시보다 빛나는 전통 예술이 꽃피웠던 흔적이 곳곳에 숨어 있다. 많은 문인과 예술가들이 어린 시절을 보내며 작품의 영감을 받았던 길과 풍광이 여전히 살아 있다. 그리고 지금도 이곳 통영에는 오늘의 이야기를 예술로 풀어내는 예술가들이 살고 있다.

진정한 여행이란 조금 불편하더라도 있는 그대로 자연을 느끼며 지역민과 함께 지역의 문화를 경험하고 참여하는 것이 아닐까. 느릿느릿 통영의 속살을 느끼며 걷는 길은 색다른 느낌을 줄 것이다. 느리지만 오래도록 마음에서 사라지지 않을 것이다. 길은 소통이며 사유하는 철학이다. 길을 통해 통영에 머물렀던 예술가들의 시선, 생각, 작품에 대해 이해하고 대화할 수 있기를 꿈꾼다.

꼭 이 책 속에 있는 길, 그 순서를 따라야 할 필요도 없다. 통영의 골목골목은 서로 그물처럼 연결되어 있어 마음이 가는대로 걷

에필로그

다 보면 예상치 못한 무언가를 발견할지도 모른다. 코스를 연결하는 데 어려움이 있어 이 책에 담지 못한 곳들도 있고, 이 책의 주제와는 달라 미처 담지 못한 곳도 있다. 그러하기에 각자 자신만의 길을 만들어 걷는 것도 멋진 경험이 될 것이다. 섬으로 가서 섬사람들이 다니는 길을 둘레둘레 걷고 깜깜한 그믐밤에 선착장에서 밤하늘을 바라봐도 좋겠고, 시인묵객들이 거닐었던 풍광명미한 길을 시와 함께 거닐어도 좋다.

책을 들고 길을 걷다 보면 작은 것, 소소한 것들 속에 많은 이야기가 숨어 있고, 무한한 가치가 담겨 있음을 조금은 이해하게 될 것이다. 사백여 년 전 한적한 시골마을에 불과했던 이 땅, 이 바다가 세월을 거치면서 어떻게 이런 풍성한 이야기를 품게 되었는지. 이토록 많은 문화예술인들을 배출하게 되었는지.

아름다운 풍광, 풍부한 먹거리를 지닌 작은 도시가 임진왜란이라는 국가적 풍파 속에서 오히려 빛을 발하고, 역사가 쌓이고, 경험이 축적되고, 그것이 전통이 되어 사람들을 불러들이고, 영감을 주는 이야기를 만나고 나면 무심코 걷던 길도 한 번 더 돌아보게 될 것이다. 이 책이 통영이라는 흥미로운 텍스트를 읽는 일, 각자 자신이 살고 있는 도시의 이야기를 찾아 나서는 시작점이 되면 좋겠다.

이야기를 모으고 길을 만들고 지도와 책을 엮으며 삼 년여의 시간을 함께한 통영길문화연대 송언수, 김상현 님과 남해의봄날에 감사의 마음을 전한다. ✸

통영길문화연대
대표 김용재

에필로그

도서출판 남해의봄날 로컬북스 10

이웃한 도시라도 자세히 들여다보면 서로 다른 자연과 문화, 아름다움을 품고 있습니다.
독특한 개성을 간직한 크고 작은 도시의 매력, 그리고 지역에 애정을 갖고 뿌리내려 살아가는
사람들의 이야기를 남해의봄날이 하나씩 찾아내어 함께 나누겠습니다.

통영을 만나는 가장 멋진 방법, 예술 기행

초판 1쇄 펴낸날 2016년 12월 12일
3쇄 펴낸날 2020년 12월 10일
책 속 내용은 2020년 기준 최신 정보로 업데이트 했습니다.

구술	통영길문화연대 김용재, 김상현, 송언수
엮음	남해의봄날

편집인	장혜원책임편집, 박소희, 천혜란
캐리커처	김재훈
일러스트레이션	정하진
사진	우정훈, 남해의봄날
지도 그래픽	그라필로그 김철환
종이와 인쇄	미래상상
디자인	로컬앤드

펴낸이	정은영편집인
펴낸곳	남해의봄날
	경상남도 통영시 봉수1길 12, 1층
	전화 055-646-0512 팩스 055-646-0513
	이메일 books@namhaebomnal.com
	페이스북 /namhaebomnal 인스타그램 @namhaebomnal
	블로그 blog.naver.com/namhaebomnal

ISBN 979-11-85823-11-9 03910
©2016 남해의봄날 Printed in Korea